JN017017

「気が付き過ぎる」子どもの日常・
学校生活の「悩み」と「伸ばし方」を理解する

一生幸せなHSCの育て方

杉本景子（公認心理師）

時事通信社

本文イラスト・はしもとあや

はじめに――ＨＳＣを育てるすべての方々へのエール

子どもの日常、特に学校生活は刺激に満ちています

「大きな声を出す先生が怖い」
「泣いている友達を見るのがつらい」
「『いけないんだー』という友達が苦手」

この本を手にとった方の多くは、わが子がこのような悩みを抱えていて、ご自身もまた悩んでいらっしゃるのではないでしょうか。

私たち大人の毎日とくらべると、子どもの日常生活は実に「刺激的」です。電車や消防車などの大好きな乗り物が通って大喜びしたり、大きな犬に吠えられて泣いたり、初めて通

る道にドキドキしたり、いろいろな場面で様々な刺激を受けながら日常生活を送っています。

さらに**学校生活がはじまると、子どもはそれ以前の生活と桁違いと言ってもよいほど強い刺激を受ける**ようになります。いろいろな気質のクラスメイトがいて、先生からは「元気よくご挨拶しましょう」「手を挙げて大きな声で発表しましょう」「給食は残さず食べようね」など、次々とルールや指示が示されます。初めて経験する刺激が次から次へと押し寄せてくる生活を送っています。

同じ刺激でも「強すぎる」と感じる子どもが存在します

世の中には、**5人に1人という割合でHSC(Highly Sensitive Child)と呼ばれる子どもが存在**します。HSCはとても思慮深く、人の気持ちに敏感で、ほかの子どもには何ともない刺激でも、その刺激が積み重なることで不安になったり疲弊したりします。そのため、学校生活が始まると、例えば次のようなことに「衝撃」を受けることがあります。

・先生の言うことを聞かない子どもがいる

・大泣きしたり大笑いしたりする子どもがいる
・ものを取り合う子どもがいる
・「よい」「悪い」をみんなの前で言う
・要領がよくてずるい子が褒められることがある
・大声で怒る先生がいる

ＨＳＣは、穏やかでモラルが保たれている環境を求めます。騒ぐクラスメイトを脇目に、先生がいつ怒りだすかと、毎日緊張しながら過ごしています。そして、彼らから丁寧に聞くと、**学校に居心地の悪さを感じる自分がおかしいのだと自らを責めて疲弊している**こともよくあるのです。

一方で、ＨＳＣの存在を知らない人からは、こうした思慮深く控え目な態度について、積極性がないなどの誤った評価をされることがあります。そして、ＨＳＣは、こうした評価を心配する親に負担をかけまいと頑張るうちに燃え尽きてしまったり、自分には価値がないと感じ塞ぎ込んでしまったりすることもあります。こうなると「負のスパイラル」に陥ってしまいます。

ＨＳＣを「変える」のではなく、よい点を「伸ばす」ことが大切です

ＨＳＣは状況を把握し、周りに合わせることが得意なため「社会性」が高いです。誤解がないようにしたいのは「社交性」ではなく、「社会性」が高いのです。

学校などの集団生活においては、外向的・活動的で堂々と大きな声で意見を言える子どもが評価されがちです。けれども子どもたちの集団をよく見てみると、**ＨＳＣが身を削って協調性や共感性を発揮し、貢献している**ことが必ず分かります。

この子どもたちが適切な環境のもとでそのまま成長を遂げれば、計り知れないほど社会に貢献することになるでしょう。きっと社会全体の幸福度まで上がるはずです。

結論から言えば、ＨＳＣは何かを「変える」必要はまったくありません。むしろ、うまくその資質を伸ばしていければ、思慮深いリーダーにもなれるし、わずかな変化も見逃さないすぐれた医師や研究者にもなれます。

その一方で、理不尽な環境下では潰されやすく、疲弊したり燃え尽きたりしてしまいます。もしＨＳＣが苦しんでいるならば、**変える必要があるのは子どもではなく、子どもを取り巻く環境**なのです。

私は、心理カウンセラーとして、千葉市で不登校の子どものためのフリースクールを運営しつつ、ＨＳＣの日常生活や学校生活に関する相談を多数受けてきました。

ご相談を受け、ＨＳＣは素晴らしい特性であることを説明すると、安堵の涙を流す保護者の方がたくさんいらっしゃいます。敏感で慎重なわが子が「我慢が足りない」「意気地がない」と言われたり、控え目ながらも努力家のわが子が「消極的」というレッテルを貼られたりしていることの苦しみは本当に大きいものです。そして、そうした評価を受けることで何より心配なのは、幼い子どもたちが自分を否定してしまうことです。

私たち**大人は、個性を尊重すると言いながら、気付けば一定タイプの「理想の子育て」をしがち**です。例えば「少しのことでは動じず、堂々と人前で話し、誰とでもすぐに打ち解けられる」ような、タフで外向的な人物を育てることを無意識に理想としてしまっています。

しかし、**人生の幸福度は、どれだけ自分を肯定し好きでいられるかにかかっている**と言って過言ではありません。そのために大人は、ＨＳＣがもつ素晴らしさを理解することが大事なのです。

どんな「答え」も受け止める、真の「伴走者」になるために

本書では、ＨＳＣの特性や、ＨＳＣが日常生活と学校生活で感じること、そして安心して、幸せを感じながら成長するために必要なサポートについて、５つのＳＴＥＰで紹介します。内容は、保護者はもちろん、先生など教育関係者にも読んでもらいたいと願ってまとめました。

ＳＴＥＰ１では、まずＨＳＣについての基礎知識を紹介します。読めばＨＳＣはとっても素敵な気質だと理解できるはずです。

ＳＴＥＰ２では、ＨＳＣにとって学校生活はどのように感じられるのかを紹介します。ＨＳＣにとって快適な学校とそうでない学校の環境が分かるでしょう。

ＳＴＥＰ３ではＨＳＣを伸ばす関わり方を見ていきます。保護者として感性の鋭いＨＳＣにどう接するべきかが理解できるでしょう。

ＳＴＥＰ４では、ＨＳＣの日常的な育児で、多くの保護者がもつ悩みへのアドバイスをご紹介します。ご紹介する悩みは、実際のカウンセリングでよく受ける相談をベースにしています。

ＳＴＥＰ５では、ＨＳＣの学校生活における悩みにアドバイスしていきます。私は心理カウンセラーとして、実際に学校や先生方と直接関わりながら、こうした悩みの解消に当たってきたので、かなり教育現場の実態に即した実践的なアドバイスになっているはずです。

ＨＳＣについて存分に理解できると、きっと「この子の一番の味方であり続ける」という「覚悟」が芽生えるはずです。そして、わが子がもっている力を誇らしく思い、その伴走者であることの喜びを感じるようになるでしょう。

本書を通じて、ＨＳＣと、ＨＳＣを愛情深く育んでいる保護者のみなさん、教育関係者に心からエールを送ります。

杉本　景子

もくじ

STEP 1

HSCを理解する

STEP 2

HSCにとっての学校生活を理解する

STEP 3

HSCを伸ばす関わり方を知る

STEP 4

日常生活の悩みを解決する（子どもへの働きかけ）

STEP 5 学校生活の悩みを解決する（学校・先生への働きかけ）

STEP
1

HSCを理解する

まず最初にHSCの特性について見ていきます。HSCはまだそれほど知られておらず、発達障害などと誤診されていることもあります。しかし、HSCは障害や病気などではありません。その概念を正しく理解することからはじめましょう。

1

そもそもＨＳＣってなに？

１９９６年にアメリカで生まれた概念です

ＨＳＣはHighly Sensitive Childのことで直訳すると、「高度に敏感な子ども」という意味です。これは子どもを指す言葉ですが、大人（人全体）の場合は、Highly Sensitive Person（ＨＳＰ）といいます。このＨＳＰ（ＨＳＣ）という概念は、アメリカの心理学者エレイン・Ｎ・アーロン博士が１９９６年に自著『The Highly Sensitive Person』で提唱したものです。

私がＨＳＰ（ＨＳＣ）について端的にご説明する場合は、「**思慮深く、人の気持ちや刺激に敏感な気質の人たちのこと**」と言います。

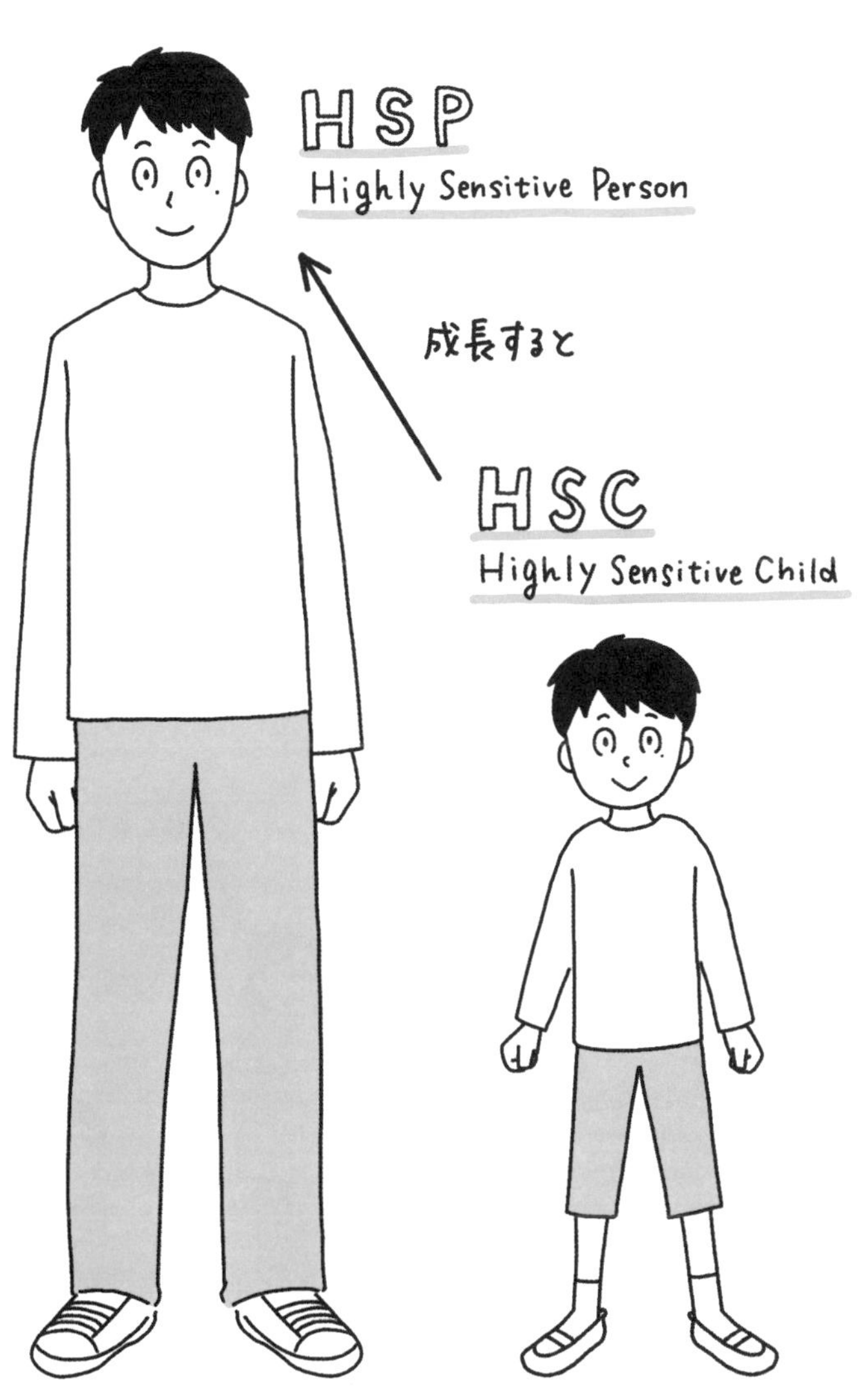
HSP
Highly Sensitive Person
成長すると
HSC
Highly Sensitive Child

HSP(HSC)の割合は15～20%です

HSP(HSC)は、**男女問わず人口の15～20%**ほど存在します。後天的なものではなく、生まれ持った気質だということが分かっています。生まれ持った気質なので、大人になっても変わることはありません(これを聞いてがっかりした人は、ぜひこの本を最後まで読んでいただきたいと思います)。

HSCは成長すればHSPになることになりますし、現在のHSPは子どものときにHSCであったといえます。以降、本書では断りがない限りHSCと記しますが、基本的にHSPも同じだと考えてください。

新生児の頃からすでにHSCの特性があらわれます

HSCと非HSCは、赤ちゃんの頃から反応に差が出ることが分かっています。非HSCの赤ちゃんでは平気な刺激でもHSCの赤ちゃんは泣き出したり、目を覚ましたりします。

私はこの事実を知って、HSCの誤解されやすさがどのようなものかを具体的に理解することができました。それは、**生後間もないHSCの赤ちゃんが刺激を我慢できずに泣き出すのと同様に、HSCにとって日常や学校生活で受ける刺激や緊張感は克服しようがないものだということです。**HSCが苦しむのは、努力不足でも我慢不足でもありません。刺激を受け取る感度が違うだけなのです。本人を責めるのはまるで的外れ。後述しますが、敏感さは素晴らしい気質です。これを封じようとするのはやめましょう。

HSCは「種の存続」に必要な存在とも言えます

ネズミやイヌ、ネコ、サルなど動物たちの中にも、HSCのような気質をもつ個体が15〜20％ほど存在しています。現在では100種類以上の動物で確認されています。この驚くべき事実についてアーロン博士は、**種の存続に役立つ存在だからこれほどの割合で存在している**のではないかと指摘しています。

子どもがＨＳＣかどうかチェックしてみましょう

ＨＳＣかどうかは、**「ＤＯＥＳ」という４つの判断軸**に当てはまるかどうかで見極めることができます。次の４つの判断軸すべてに当てはまるようならＨＳＣです。どれか一つでも当てはまらないものがあれば、ＨＳＣではありません（次ページからのイラストの内容は各判断軸の一例として挙げています）。

●Ｄ（Depth of processing）＝何事も深く考えて処理する

ＨＳＣは、ものごとを深く考えたり、感じたりします。大人びた言葉づかいや本質的な深い質問をして、大人を驚かせたりすることもあります。

例

他人への影響を気にする

よく調べてから提案する

「まあいいか」と放っておくのが苦手

試行錯誤を繰り返す

モラルを内面化している

根拠をもって言動する

浅い話には興味がわかない

トラブルを想定する

常に考え事をしている

大人びている

●O (being easily Overstimulated) ＝過剰に刺激を受けやすい（感覚面での不快感がつのりやすい）

ＨＳＣは、五感がとても敏感です。

音、光、におい、味、暑さ、寒さ、空腹、喉の渇き、痛みなどに敏感

合わない靴、濡れた服、チクチクする服、サプライズ等が苦手

●E (being both Emotionally reactive generally and having high Empathy in particular) ＝感情の反応が強く特に共感力が高い

ＨＳＣは他人の感情の動きに敏感です。特に共感力が高く、感情移入しやすいという特徴があります。

残酷なこと、不公平なこと、
ささいな間違いに強く反応する

涙もろい

喜んでいる人を見るととてもうれしい

怒られている人を見るのがつらい

●S (being aware of Subtle Stimuli) = ささいな刺激を察知する（思考や感情のレベルが高いことによる）

刺激や変化に敏感で、観察力や洞察力にすぐれています。

例

もののの配置の変化にすぐ気づく

人の外見、声のトーンの小さな変化に気づく

励ましや他の人が望むことを察知する

芸術作品に対して観察力が鋭い

HSPの女性の2歳の頃のエピソードです

ここで、HSP(C)らしいなと感じたある女性のエピソードをご紹介します。私はたくさんのカウンセリングを行ってきましたが、HSPは小さい頃の事をよく覚えている人が多い印象を受けます。HSPの方は「みんなこんな感じでしょ？」と思うかもしれませんが、非HSPの方には「面白い」「新鮮」に感じられるのではないでしょうか。

買い物中のワンシーンの話(HSPの2歳の頃の記憶)

毎日お母さんに連れられて近所の商店街に行っていました。いろんな顔の人やいろんな声を不思議な気持ちで眺めていました。お肉屋さんの前のにおい、魚屋さんの前の音、漬物屋さん、八百屋さん、いろんな人の顔や、勢い、におい、音がありました。

幼稚園や小学校に通っているくらいの「子ども」を見かけると、じーっと観察しました。「子どもって動きが派手なものなの？」「子どもの動きは目的がよく分からないな」と感じていました。じーっと見ていることに気付いた相手から「何？　何なのよ」と言われたことがあり、お母さんのスカートに隠れました。失敗したのはその一回だけです。その後は、こちらが見ていることに気づかれなければ自分の勝ち、とスリルを味わっていました。楽しかったです。

ある日お母さんに「あの八百屋さんのお試し用(試食)のミカンは、傷んでいるミカンを半分に割って、大丈夫な方を出していることもあるね」と言ったらとても驚かれました。2歳にしては細かいことを話すことが多かったようです。五感で感じることもたくさんあり、考えることも好きでした。

ＨＳＰの彼女の幼い頃の姿は、おそらくはたから見れば、夕飯の買い物をしているお母さんにおとなしくくっついている子どもです。お母さんのそばという「安全基地」から未知の存在をじっくり観察し分析していたのでしょう。実に細かいところまで見ていて、多くのことをインプットしています。でも気づいたことを軽々にその場で言うわけではありません。一方で、いざ話し出すと、大人が普段気にもとめないようなことを詳細に伝えてくることがあります。

ＨＳＣには外向的な子どももいます

詳しい説明は省きますが、心理学では**ＨＳＣ・非ＨＳＣに関わらず、人は「内向型」「外向型」に分類することができる**とされています（正確には、その２つが混じった「混合型」の人もいますが、今回は省略します）。

さまざまな研究からアメリカ人の3分の1から2分の1は内向型で、国によってはこれよりも多い可能性もあるとされています。また、内向型の多くは、外向型に見えるように振る舞っていることもよくあると言われています。

わが子は「内向型」と「外向型」のどちらでしょう

ここでは、ＨＳＣかどうかはいったん置いておき、自分の子どもが「内向型」と「外向型」のどちらに当てはまるか見てみましょう。ＡとＢの質問のどちらに多くのチェックが入るか試してみてください。

A

□人の集まりを好み、大声で笑う
□積極的・主導的で仲間を強く求める
□考えをそのまま口に出し、即座に実行する
□聞くよりも話す方を好み、言葉に詰まる事は滅多にない
□けんかすることはいとわないが、孤独は大嫌いだ

B

□放課後は外で遊ぶこともあるが、しばらくすると家でくつろぎたいと感じている
□限られた仲のよい友達や家族との時間を好んでいる
□話すよりも聞く方を好み、ゆっくり考えてから話すが、会話よりも書く方が自分をうまく表現できることが多い
□衝突を嫌う
□深い話を好む

HSCの3割は「外向型」です

Aは外向型、Bは内向型の特徴です。どちらのチェックが多かったでしょうか？　自分の子どもがHSCではないかと思っている方の多くは、Bが多く当てはまったのではないでしょうか。

しかし、Aが多く当てはまった場合でも、非HSCだと決めつけることはできません。**HSCの70%は内向型ですが、残りの30%は外向型**だとも言われているからです。HSCと非HSC、内向型と外向型の関係性は下の図のようになります。

余談ですが、IQ130以上（人口の約2%ほどいるとされる）の子どもは、特別な才能をもった「ギフテッド」と呼ばれます。この80%は、HSCだと言われています。

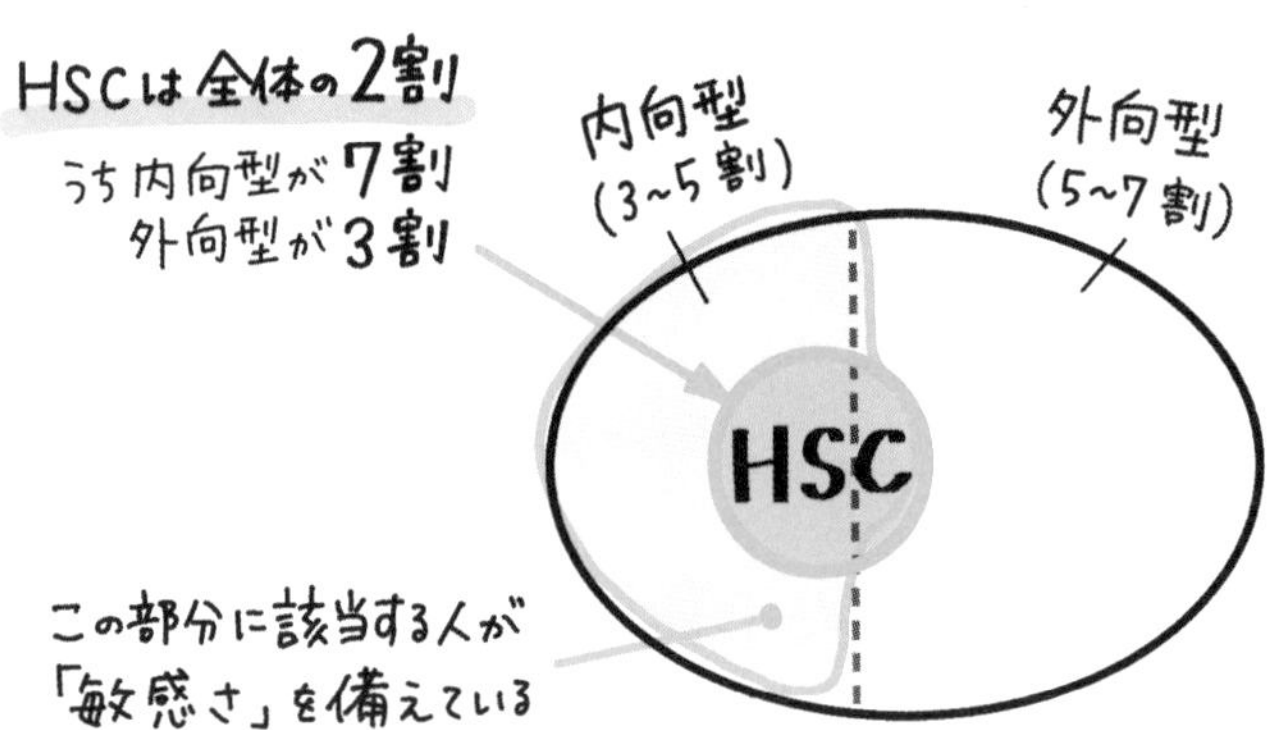

「非HSC」でも「内向型」であれば刺激に敏感な場合があります

HSCは、27〜32ページで見たDOESの条件をすべて満たしている場合に該当します。一つでも満たさない条件があれば、HSCではありません。しかし、内向型の非HSC（36ページの図の左外側のエリアに入る子ども）の中には、共感力や深く考えるといったHSCの特性はなくても、とても敏感で、強い刺激が苦手な子どもも存在します。

つまり、**「敏感さをもつ子ども」＝「HSC＋内向型」**なのです。

非HSC・内向型の子どもにも、HSCに適した対応が有効な場合があります

そのため、保護者が「DOESに当てはまらない項目があるのでうちの子はHSCではない」と判断したとしても、「HSCに適した対応をすると、なぜかとてもうまくいく」というケースもよくあります。うまくいく理由は、内向型の子どもとHSCは、敏感さ（特に音に対してのケースが多い）をもっている、積極性を重視する学校で高い評価をされにくい、

などといった点が共通するためです。

本書ではＨＳＣの特性を解説し、ＳＴＥＰ２以降では楽しく日常・学校生活を送るためのアドバイスを紹介していますが、これは敏感さをもつ内向型の子どもたちにとっても有効だということを申し上げておきます。

障害や疾病ではありません

人は、いろいろな気質を備えています。気の長い人もいれば、短い人もいます。**「敏感さ」もそうした人の気質の一つに過ぎません**。もちろん障害でも病気でもありません。ですから、ＨＳＣは医師が診断し治療をするものではありません。

ADHDと表面上は似ていることもありますが、実は正反対です

ＨＳＣの子どもは、注意欠陥多動性障害（ＡＤＨＤ）の子どもと表面上よく似た行動をとることもあります（そのため両者はよく誤診されていると指摘する専門家もいます）。しかしながら、両者は同じではありません。むしろその特性は正反対です。

まず、ＨＳＣとＡＤＨＤでは、脳の働き方に大きな違いがあります。**HSCの大半は左脳に比べて右脳の血流が活発で、「用心することを優先させる働き」の方が「冒険することを優先させる働き」よりも強い状態です。これに対して、ADHDの子どもは右脳に比べて左脳の血流が活発です。「冒険することを優先させる働き」の方が「用心することを優先させる働き」よりも強い状態です。**

しかしながら、ＨＳＣとＡＤＨＤの行動は、表面上は同じように見えることがあります。用心システムが活発なＨＳＣは、ささいな変化によく気が付くため、キョロキョロあたりを見渡したり、人や物事を心配したりして落ち着かないことがあります。冒険システムが活発なＡＤＨＤの子どもたちは、色々なものに関心が移り、そわそわキョロキョロ。教室での姿は似ているのです。もし床に何か落ちていたら？　どちらの子どもも拾いにいくか

もしれませんが、その理由は左の絵のように違います。

ＡＳＤとも別物です

ＨＳＣと自閉スペクトラム症（ＡＳＤ）も時々混同されているようです。ＨＳＣにもＡＳＤにも、ある特定の音や肌触りなどが苦手という子どもがいます。また、ＡＳＤは予定にない行動が苦手で、例えば突然着替えや片付けなどを指示されると固まってしまうことがありますが、HSCも過度な刺激にさらされ続けると、ストレスから普段はできる作業ができなくなることがあります。その**両者の「見た目」はよく似ていて、周囲からはともに協調性がないようにも見える**のです。

しかし、両者には大きな違いがあります。

HSCの子どもは脳の共感性に関わる部位や神経細胞の活発な働きにより、他者に極めて高いエンパシーを示し、人の気持ちがよく分かります。一方、ASDの子どもたちは場の空気を察することや相手の立場になって考えて行動するのが苦手です。

2

HSCと非HSCでは、同じ「刺激」でも受け取り方は違う！

人は適度な刺激のもとで最高のパフォーマンスを発揮します

さて、刺激を敏感に感じ取るHSCですが、刺激そのものは善でも悪でもありません。問題はその「強さ」です。「適度な緊張感」という言葉がある通り、人は、ある程度の刺激（ストレス）があった方が、パフォーマンスを発揮することができます。ただし、その「適度な刺激」には個人差があるのです。

刺激（ストレス）に関する法則で、興味深い実験があるので、ぜひみなさんにも知っていただきたいと思います。アメリカの心理学者のロバート・ヤーキーズとJ・D・ドットソンが行ったものです。「刺激」とパフォーマンスの関係がイメージしやすくなるでしょう。

ヤーキーズ・ドットソンの法則

・ネズミを、黒と白が判別できるよう訓練する。
・もし、ネズミが間違えたら、電気ショックを流して刺激を与える。
・電気ショックは強弱を変えて、正答率がどう変わるかを見る。

この実験では「電気ショック（刺激）が強くなるほど正答率が高くなるが、最適な強さ（個体によって差がある）以上になると正答率が低くなる」という結果が得られました。

つまり、**刺激が適度な強さであれば、ネズミの学習は強化されますが、刺激の度合いが強すぎたり弱すぎたりすると、学習能力が低下する**ということが分かったのです。

また、何を学習するのかや、学習内容の難易度によって、適切な刺激の度合いに違いが出ることも分かりました。学習内容が難しいときには刺激を弱くしてリラックスした状態で挑む方が効果的で、学習内容が易しいときには刺激を強くして、少し緊張状態にして挑む方が学習効果も高くなるという結果になったのです。

わが子が最高のパフォーマンスを発揮する刺激の度合いを探しましょう

刺激（ストレス）とパフォーマンス（力を発揮できる度合い）の高さを、縦軸と横軸にあらわすと、下の図のような関係性が見えてきます。

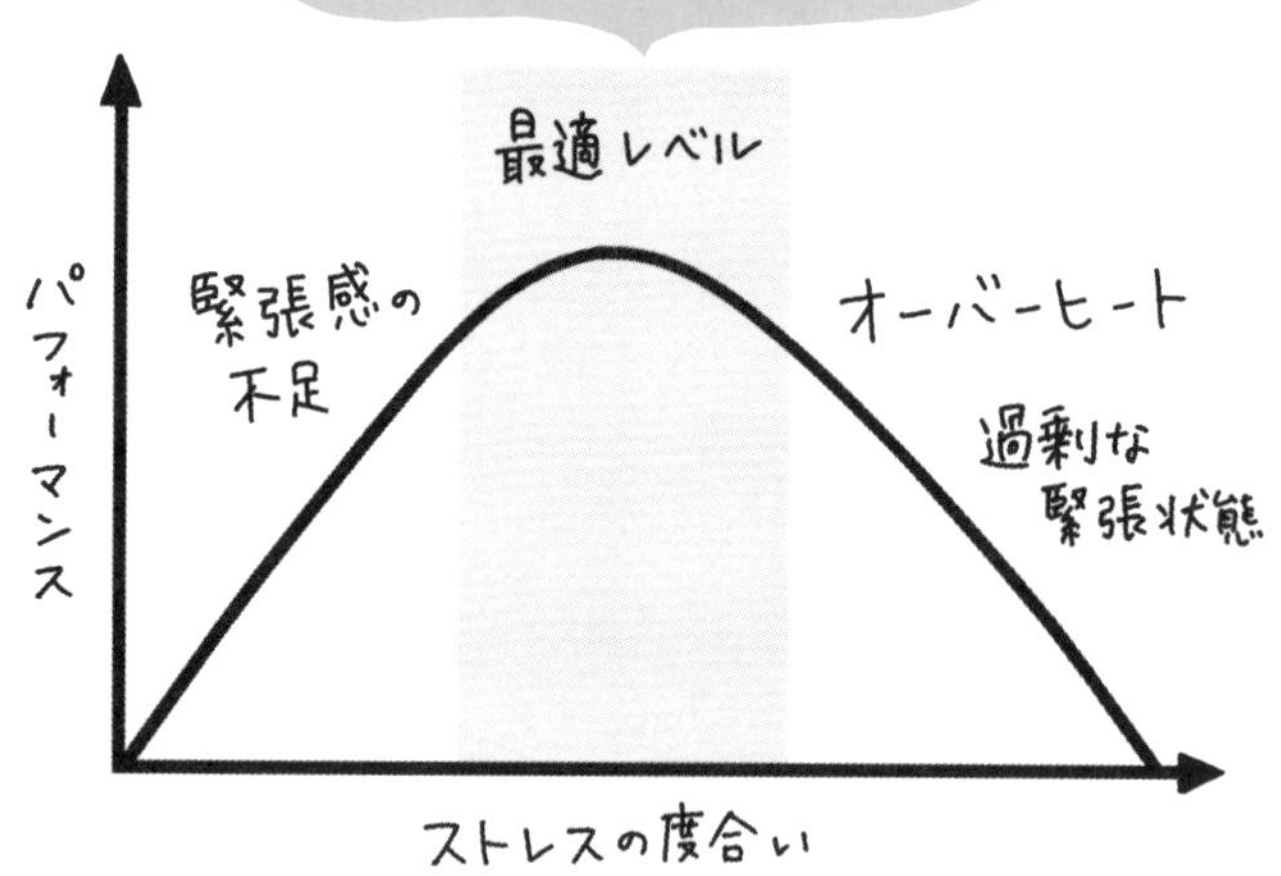

ＨＳＣを、この法則に当てはめるとどうなるでしょうか。ストレス（刺激）に対して敏感なので、山の頂点は左寄りになると考えられます（青い曲線）。

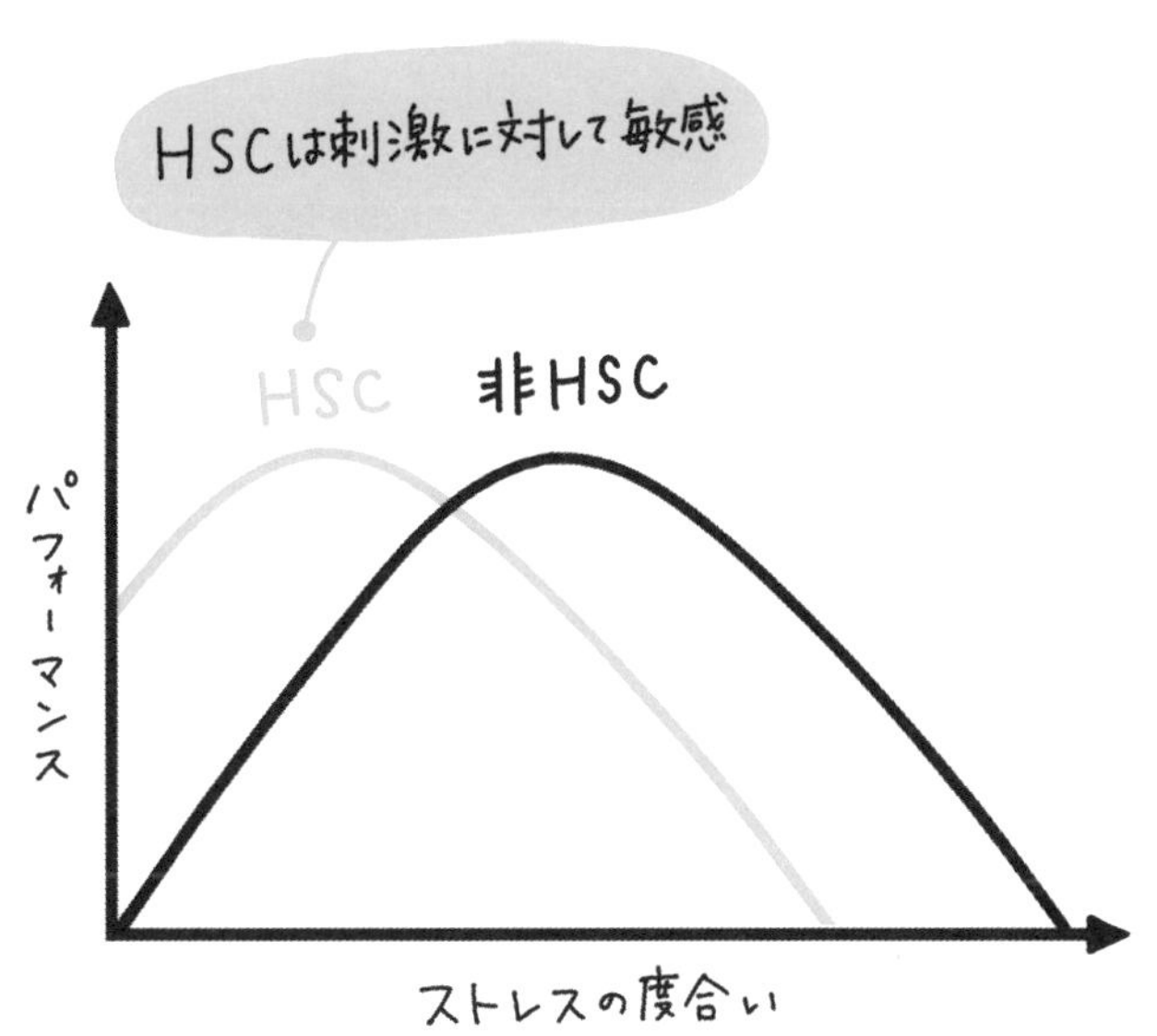

この図をイメージできるようになると、HSCが日常や学校生活で力を発揮するためのヒントを得やすくなるでしょう。

例えば今、Bの強さの刺激（ストレス）があるとしましょう。山の頂点になる部分（ベストパフォーマンスの状態）にもっていくには、Aの強さまでストレス（刺激）を和らげるよう環境を整えていけばよいのです。

もし、逆にHSCに「うまくやらないとみんなに迷惑が掛かるよ」などと、ストレスを強めるような言葉を掛けるとどうなるでしょうか。右の方に進むので、パフォーマンスは落ちていきます。力を発揮できない方向に働きかけたということです。

一方で、同じ言葉掛けでも、敏感さをも

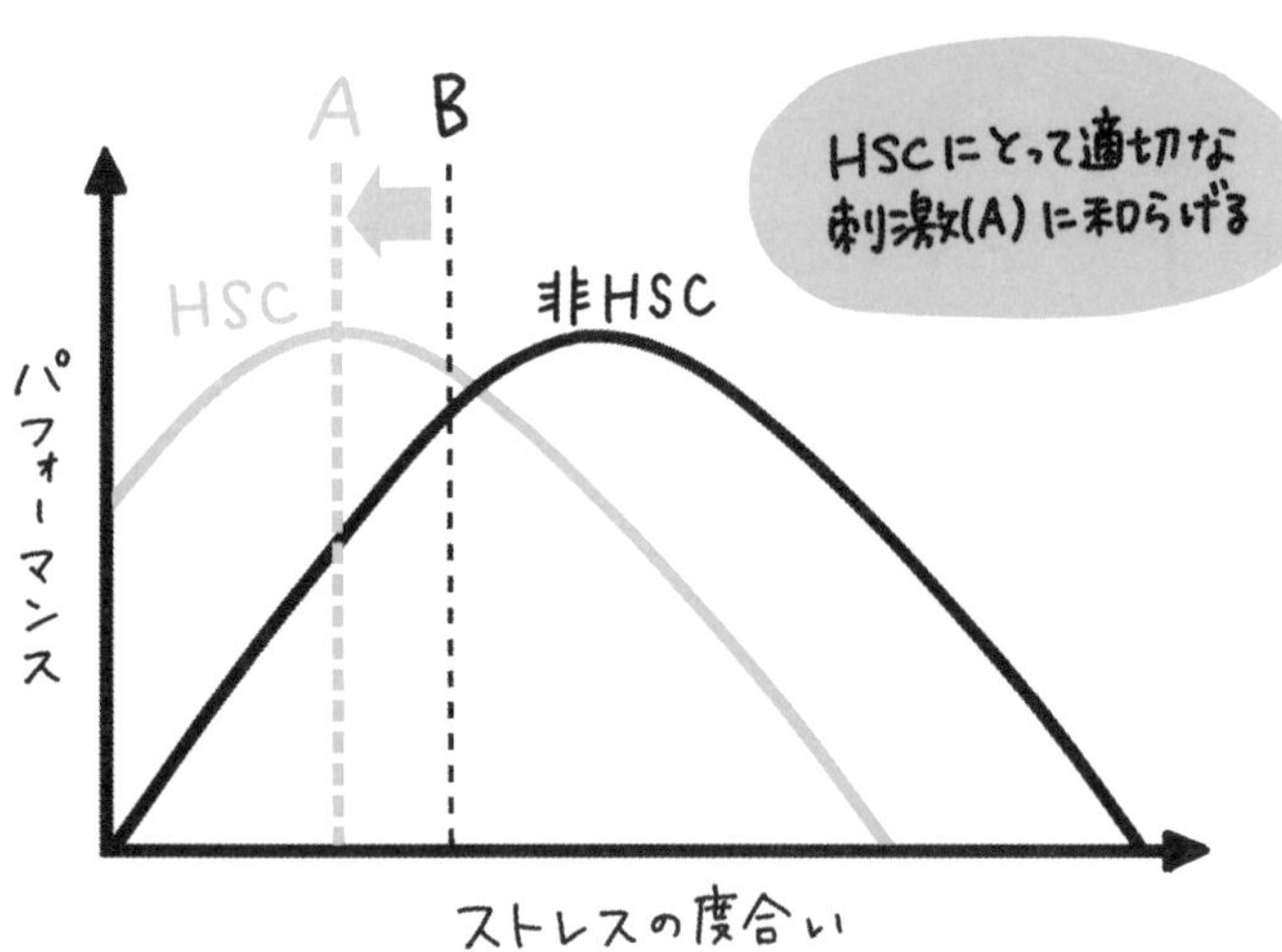

ちあわせていない非ＨＳＣのグループに対して行うと（＝ストレスを加える）、パフォーマンスは上がることもあるのです。

このように、**大人や先生がよかれと思った言葉掛け（刺激）でも、ＨＳＣと非ＨＳＣでは、効果が正反対**ということがあるのです。学校生活における対応は、ＳＴＥＰ２以降で実例を交えてお伝えしていきます。

3 ＨＳＣは敏感さを活かして素晴らしい人生を送れる！

ＨＳＣと非ＨＳＣでも相性がいい場合があります

学校には、ＨＳＣと非ＨＳＣがいます。しかし、ＨＳＣの子どもは人一倍敏感だからといって、非ＨＳＣの子どもと一緒に過ごすことができないかと言えば、そんなことはまったくありません。

私はこれまで人の気質について考察してきましたが、むしろ、敏感ではない人たちの中にも、ＨＳＰやＨＳＣと非常に相性のよい人たちがいるということに気づきました。その代表は、おおらかなタイプ、正義感が強いタイプ、社会貢献思考タイプの人たちです。

このような人たちは、細やかさという点ではＨＳＰやＨＳＣにはかなわない一方で、ＨＳＰやＨＳＣが慎重になって行動に移せないことを、いとも簡単にぱっと実行することができます。それが例え失敗に終わったとしても、敏感な人たちがまたじっくりと考察することで、よりよい方法を編み出していくこともできます。

つまり、**ＨＳＣと相性のよい非ＨＳＣが一緒に物事に取り組むと「最強」**なのです。車の両輪のように、ＨＳＣと非ＨＳＣのどちらの力も必要なのです。これは、学級でも、家族でも、会社でも同じことでしょう。

物事を進めるには、どちらの力も必要

非HSC
前を見て大胆に
進んでいく

HSC
周りを見ながら
細やかに調整する

物事

「敏感さ」はこれからの時代を生き抜くのに役立ちます

ＨＳＣのよさはこれからの世の中でますます求められていくものだと私は確信しています。

例えば、ＳＮＳの普及により、いとも簡単に世界に自分の意見を発信できるようになりました。それは素晴らしいことでもあり恐ろしいことでもあります。おそらく多くのＨＳＰやＨＳＣは、このことにいち早く気づいたことでしょう。心を込めて何日も考え調べ物をしてから投稿した自分の一言に対し、わずか数秒で恐ろしいほどのパワーをもつ中傷コメントをつけられることもあります。

物事を深く考えず、人を激しく非難するような投稿を反射的にする人たちもいます。そんなことが日常茶飯事になり、便利なはずのツールが人の命まで奪うようなことも実際に起きています。

思慮深く、人の気持ちに敏感でささいな変化に気づき、いち早く危険を察知する人や、慎重な言動でモラルを重んじる人たちが求められる時代が来ています。

ピピピ
ムムッ?
敏感さは
生き抜く力になる
○危険が察知できる
○思慮深い
○人の気持ちに敏感
おはよう!
…何かあった?
ピピピ
先輩
おはようございます
私で
良ければ
聞くよー

STEP

2

HSCにとっての学校生活を理解する

STEP2ではHSCにとって、学校（幼稚園や保育園を含む）生活がどのようなものかをお伝えしていきます。また、HSCが学校でどのように受け止められるのか、学校でどんなモヤモヤが発生するのかも見ていきます。

1 ＨＳＣにとって学校は「未知との遭遇」そのもの！

学校ではＨＳＣはマイノリティーです

ＨＳＣと非ＨＳＣでは、快適に過ごせる刺激の強さは違います。学校のあらゆるシステムや枠組みは、多数派である非ＨＳＣを基準にしたものです。多くの場合、そこで飛び交う刺激はＨＳＣにとっては強すぎるため、快適に過ごせる場所とは言えません。

もし、ＨＳＣが基準になれば、先生が大声で話す場面は少なくなるでしょう。校内放送の音や教室の蛍光灯の明るさも、もう少し控え目になるかもしれません。

しかし、現実は違います。具体的に、学校生活が始まると、ＨＳＣはどのようなことを感じるのかご紹介していきます。すべてのＨＳＣが同じように感じるわけではありませんが、彼らの生の声には多くのヒントがあります。

自由に動いている子に圧倒されます

HSCが学校（幼稚園・保育園も含む）に入ってまず感じるのは、「こんなに自由に動く子どもがいるのか」という驚きです。**親の言うことや約束を守ることに一生懸命だった自分にとっては、集団生活の中で周囲を気にせずに自由に行動する子どもは「未知」の存在です。**「世の中には自分とは違う人たちもいるんだ」と冷静に受け止められるのは、もう少し大きくなってから。見たこともない動きをするクラスメイトに戸惑ってしまいます。

大人の言うことを聞くのは当たり前という常識が崩れます

HSCにとって、大人の言うことを聞かないというのは理解できない感覚です。HSCは先生の話を一生懸命に聞きながら、さらに聞き漏らしがないか、自分のしていることがこれで合っているのかが心配で、緊張しながら過ごしています。**先生の言うことと全然違うことをして注意されても平気な子がいると、見ているだけでヒヤヒヤします。**

大笑い・大泣きする子どもを見て動揺します

泣きたくても簡単には泣けないくらい緊張していて、少し面白いことがあってもすぐに大笑いできるほどリラックスできないＨＳＣもいます。ちょっと表情がこわばって見えることもあります。それでもみんなの様子をよく見ています。

ものの取り合いをする子がいて戸惑います

ＨＳＣは共用のものを使うときは、

チョークがちょっくら折れた!
緊張しながら授業を受けている

今自分が使っていいのか気をつかいます。ですので、子ども同士でものを取り合う光景を見かけると、衝撃を受けます。自分が使っているものを取られても、**自分が我慢すれば和を保てる**と考え、なかなか「返して！」と言えません。

質問されるとすごくドキドキします

言いたいことや深く考えていることを表現するときは、伝わりやすいよう言葉を選びたいのですが、突然の質問で事前の準備もできな

い上、大勢の前で答えを言わなければなりません。自分の答えが誰かを嫌な気持ちにさせてしまわないか心配で、「大丈夫かな」「間違ったことを言ったらどういうふうになるんだろう」など、**短い時間で頭から湯気が出るくらい「積極的」に考えています**。でも、発言ができないので、周囲からは「消極的」という評価を受けます。突拍子もない質問や普段考えたこともないことについて質問されるのは好きではありませんが、学校ではそのような試練は山ほどあります。

「よい」「悪い」などを露骨に人前で言う世界に疲れます

学校によっては、発言に対し、周囲が「よい」「悪い」とジャッジする文化があります。勇気を振り絞って発表しても、「違いまーす」「同じでーす」などと言う授業もときどきあります。非ＨＳＣにとっては何ともないことですが、ＨＳＣにとってこれほど恐ろしいことはありません。

…という意見が出ましたがこれでいいですか？
僕の意見が違うって言われたらどうしよう
違いまーす

2 HSCにとって「先生」はどんな存在？

HSCは先生のことを信じています

子どもの中には、ものごとを少し斜めから見て、「大人はズルをすることがある」「先生がいつも正しいとは限らない」と考えている子もいます。しかし、HSCには、そんなことを思う子どもはあまりいません。**HSCはモラルを内面化していて、当然先生も正しいことを教えてくれる、100%信じられる存在だと思っている**のです。そのため、学校に入ると、先生やクラスに迷惑をかけてはいけないと思い必死に気をつかいます。

しかし、先生も人間です。機嫌が悪いことや間違うことだってあります。HSCは先生の機嫌が悪くて、子どもたちに少し不親切だったりすると、それを敏感に察知して疲れたり、憂鬱に感じたりします。それでも先生は正しいはずだと信じています。**先生のことを少し**

でも「苦手」と思ってしまった自分を責めて、自分をダメだと思ってしまうこともあるのです。だからこそ、大人が気づいて、サポートする必要があります。

以下では、HSCにとって相性のよくない先生の例を見ていきます。

声が大きくてお芝居みたいな言い方をする先生に悲しくなります

HSCと相性のよくない典型例が、こうした先生です。先生は、子どもへの愛情から、よかれと思ってお芝居のように褒めたり励ましたりしているのですが、HSCにとってはもうどうしようもなく恥ずかしいし、先生が本音で話してくれていると思えず悲しい気持ちにすらなります。普通にお話ししてほしいと思っています。

怒鳴る先生が怖いです

先生が怒鳴るというのは音量だけでも過度な刺激ですが、そこには激しい感情が乗っかっています。ＨＳＣにとっては、それはそれは恐ろしいものです。

先生が怒鳴ると、一部の子どもの問題行為が一時的に止み、表面上はクラスが統制されたかのように見えます。しかし、**ＨＳＣの心は想像以上にダメージを受けています**。学校に行けなくなったＨＳＣに学校の様子を聞くと、怒鳴ってクラスをまとめようとする先生が担任である率は高いです。

イライラする先生にビクビクします

ＨＳＣは周囲の人の感情を細かく読み取り一日を過ごしています。イライラしている先生がいると、ビクビクと怯えます。先生がイライラする気持ちを隠して教壇に立ったとしても、**ＨＳＣは言動から敏感に察するため、心身を消耗**します。また、理由も分からず、やけに先生の機嫌のいい日があるのも、ＨＳＣにとってはストレスになります。

先生が要領のよい「ズルい子」を褒めるとショックを受けます

学校生活でよくあることですが、先生の前

ではきちんとしているのに、見ていないところでは意地悪だったりサボったりする子がいます。HSCは誰がどういうことをしているかよく気づくため、そのズルさがひときわ気になります。

逆に、一生懸命努力しているのに不器用で先生に叱られやすい子もいます。そういう子のこともよく分かっている**HSCは、「先生は正義の味方のはずなのに、本当のことが見えていない」と混乱し、大きなショックを受けます**。

後述しますが、先生の「見極め」のスキルは、学校がつらくなるか楽しくなるかの分かれ道になるほど重要です。

先生に元気がないと言われて無理をすることもあります

ＨＳＣは静かに過ごすのが自然です。でも、先生から元気がないと言われることが何度かあると、無理をして元気に見えるよう振る舞います。しかしそのような場合は、本来の自分ではないと内心ではさみしい気持ちを抱えています。過ごしやすいわけではありませんが、**ありのままの姿だと先生や家族など、周囲の大人をがっかりさせてしまうと考えて無理をし、一方、「素」の自分に対する自信をなくしています。**

3 ＨＳＣにとって「クラスメイト」はどんな存在？

ＨＳＣはクラスメイトのことを実によく見ています

一般的に、ＨＳＣは集団の中で人間関係を築く際、みんなの様子を見ながら、少しずつ仲良くなっていこうとします。そのため、クラスメイトのことを実によく観察するとともに、気を配るのですが、これによっていろいろな気苦労も抱えることになります。以下、ＨＳＣがクラスメイトとの人間関係をつくる中で感じるストレスなどを紹介します。

誰かが泣いていると自分のことのように苦しいです

ＨＳＣは共感性が高く、泣いている子を見ると苦しみます。いい子ぶっているわけではありません。**近くで見ただけで、自分のことのように感じているのです。**

人の体調不良や気持ちにもつられます

学校ではいろいろなコンディションの子どもがいます。HSCは自分が心配している友達の体調や気持ちにつられることがあります。例えば、頭が痛い子の心配をしていたら自分が頭痛を感じるようになったり、落ち込む友達の心配をしていたら気持ちが塞ぎこんだりすることがあります。

困っている子を助けられないと絶望します

困っている子を見ると、自分も「困った」と感じます。助けるのが当然と思います。やっかいなのは、自分が万能でないこと。助けたいけど自分ではどうしようもないことにショックを受けます。さらに、クラスの雰囲気が悪く、先生やクラスメイトが困っている子を放っておくと、自分の無力さに絶望し、自信を失っていきます。

一方で、クラスの雰囲気があたたかいと、HSCは大きな幸せを感じます。**困っている子が、先生やクラスメイトから手を差し伸べられるのを見ると、自分が助けられたような気持ちになる**のです。

八方美人に見られてしまうことがあります

クラスメイトが困っていたり怒られたりするのを見るのが嫌で世話を焼いた言動が、点数稼ぎやおせっかいと捉えられ、悲しい出来事として心に刻まれることがあります。

「いけないいんだー」という子は謎の存在です

ＨＳＣにとって、「いけないいんだ」とか「先生に言っちゃお」という子どものセリフは驚きです。**ＨＳＣは他者を「悪い」と断罪する発想があまりない**ため、こうしたセリフは恐ろしく、「弱肉強食」

の世界を感じはじめます。

なお、子どもたちの話を丁寧に聞こうとしない「怖い先生」の場合、子どもたちは自分が怒られてしまうのを避けるために、互いに監視し、「言いつけ合う」ようになってしまいます。ＨＳＣの多くは和を重視しているので、その状況にとても苦しみます。家に帰っても悩んでいます。ギスギスした状態はこたえるのです。

誘いを断るのが苦手です

友達や先生が遊びに誘ってきた場合、上手に断るすべがまだ身に付いていない、そもそも「断る」という選択肢をもっていないこともあります。最後までみんなと楽しまないと悪いと考え、また、

達成できたときの喜びも知っているので、無意識に頑張りますが、当然疲れます。そんなときに「暗い」「つまらない子」などと心ない言葉を浴びせられると、とても悲しい経験として心に残ってしまいます。すると、長時間の人混みの中での買い物や遊園地など、色々な場面で早めに帰りたいと思ったとしても、なかなか言い出せなくなります。

自分の意見を譲らない人に好かれます

意見を譲らないような主張の強い子どもにとって、HSCとはもめることがないので、一緒にいて心地よい存在です。一方でHSCは、主張の強い子どもからいつまでも離れられず振り回さ

れてしまうので、ヘトヘトになります。

気の合う子と少人数で遊ぶのはとても楽しいです

ＨＳＰに子ども時代のことを聞くと、落ち着いた雰囲気で気の合う穏やかな友達とごっこ遊びや工作、読書を黙々とできたときはとても幸せだったと言います。

自分が興味をもつ話をするときには目を輝かせよく話します

慎重に発言するＨＳＣですが、自分の興味・関心のあることについて話す機会が与えられる、も

しくは、話ができる友達がいると、うそのように生き生きと話しはじめることがあります。**物事を深く考えるＨＳＣにとって、共感してもらえたり知ろうとしてもらえたりしたときの喜びはとても大きい**のです。

あの本 読んだ?
読んだ読んだ!
いいよね あの本!
私の好きな シーンはね…

4 HSCにとっての「学校生活・行事」とは？

クリアすべき刺激がたくさんあります

前述した通り、学校のシステムは、非HSCを基準にしています。非HSCにとっては何でもないような学校生活の日常や行事などが、HSCにとっては刺激が強く、苦痛になることがよくあります。

家族を思い出して、お弁当が喉を通らないことがあります

特に幼稚園・保育園児にとっては、お弁当の時間が難関だったというケースは非常に多いです。お母さん・お父さんの手作り弁当に触れるお昼の時間にホームシック状態になる

こともしばしばあります。お弁当箱の中にお母さん・お父さんが見えるからです。涙がこぼれることもあります。そしてなかなか喉を通りません。全部食べないといけない場合は、余計に緊張します。お母さんやお父さんをがっかりさせたくないから全部食べたい。そんな思いが強いＨＳＣにとってお弁当の時間は試練です。

それでも、例えば小学校に上がって給食時の雰囲気が明るくなったり、進級でクラスや先生が変わったりしてリラックスできるようになると、うそのように楽しく食べられるようになることもあります。

食べ終わるのが最後になってしまうことを恐怖に感じることもあります

お弁当や給食については、食べ終わるのが最後になる恐怖

はとても大きく、前日の夜から憂鬱になることもあります。翌日が弁当・給食なしの半日だとすごく気持ちが軽くなります。

劇などの発表は緊張しますが、役割を果たそうとします

役割はきっちりこなします。HSCでも3割は外向型ですし、刺激のあることに興味をもつ子どももいます（あとでどっと疲れますが）。劇など緊張を強いられるものができないかというと、決してそんなことはありません。**役割が決まっていると、持ち前の責任感できちんと果たす**ことが多いです。その達成感も強く感じます。

行事前には夜中にうなされることもあります

行事本番に向けてプレッシャーがかかる時期は、夜ぐっすり眠れないことがあります。学校で先生やクラスの雰囲気がピリピリしており、頑張っている子が怒られた日には気持ちがモヤモヤ。怖い夢を見て夜中に目を覚まして泣く子どももいます。

代表例として、長縄跳びの大会があります。自分や誰かが引っかかってストップし、みんなから「あーあ」「何やってるんだよ」という反応があるような行事は苦手です。

一人でやる係活動は得意です

集団の中で一人しかいない役職の方がやりやすいこ

とがあります。自分なりの工夫をしながら、やりやすい手順で責任を果たすことが得意です。

お迎えの時間や下校時間はとびきりうれしいです

平凡な一日だとしても、ＨＳＣは学校で常に多くの刺激を受け、それを自分なりに分析しています。そのため頭は常にフル回転。その刺激から解放されるときは、心底ホッとしますし、無事に学校（園）生活を終えられた達成感を味わっています。同時に家族と会える安堵感を人一倍味わっています。

帰宅すると不機嫌なこともあります

なかなか頭から離れないような嫌なことや腑に落ちないことがあった日は無口なこともあります。不機嫌になったり家で荒れたりする場合もあります。

その際の心境は、**家族に心配をかけたくないという気持ちや、もっとうまくやりたかったという気持ちが絡み合い、幼い子どもが説明するのは難しい**ことがほとんどです。少し大きくなってから、当時の心境を話してくれることがあります。

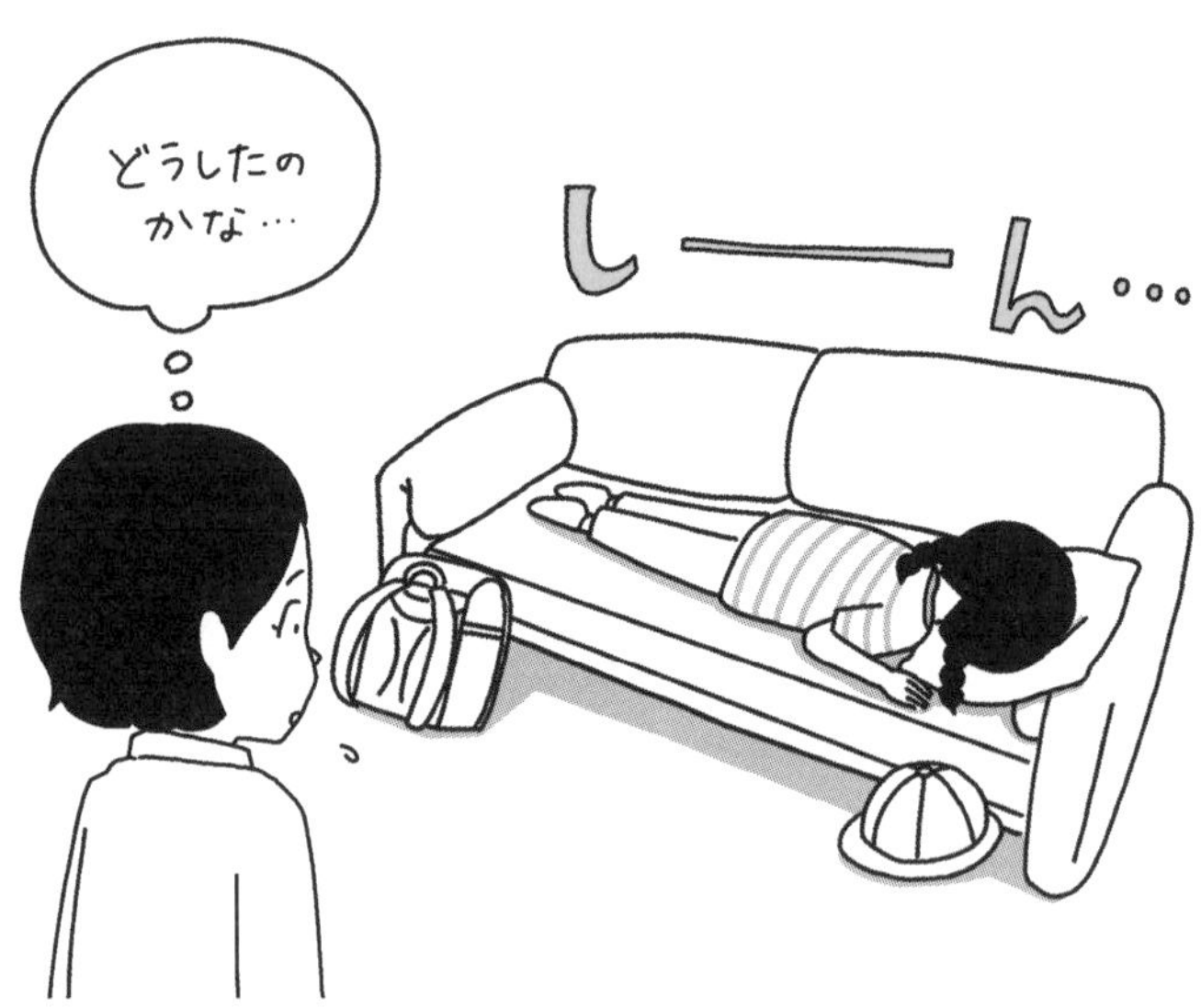

帰宅後にどっと疲れて長い時間眠ります

疲れがひどいとき、不安やストレスが強い状態で帰ってきたときは、ほとんど話もせずに眠ってしまうことがあります。家族の顔をまともに見ることもできず、何かを聞かれるのを拒絶することもあります。泣きたい気持ちを我慢しているときも、このような状態になります。

その気持ちを説明させようとすると、さらに負荷がかかります。安心できる人のもとでゆっくり休めるようにすることがまず大事です。対処についてはＳＴＥＰ５で詳しく解説します。

5

HSCにとっての「学校」という存在をまとめると？

毎朝登校（園）するのに覚悟が必要です

つまり、ここまで見てきたようなことがあるので、ＨＳＣが登校（園）するには出発前に覚悟が必要です。落ち着いた雰囲気の学校や波長の合う先生・友達がいる場合はいいのですが、なかなか巡り合えないこともあります。

特に、幼稚園・保育園は独自の方針を掲げている園も多く、ＨＳＣにとっては気苦労が多い時期でもあります。仏教やキリスト教の園では、合掌やお祈りの時間だけが気が休まったという子どももいます。

思いやりのある環境では困りません！

ＨＳＣは、過度な緊張を強いられる学校生活の場合、幅の狭い平均台を渡り続けるようなストレスを受け、長引けば体調を崩すことさえあります。

しかしながら、**ＨＳＣは「消極的」でもありませんし、「我慢が足りない」わけでもありません**。園や学校で経験する多くのはじめてのことに対して、よい経験（こと）と認識するかつらい経験（こと）と認識するかは、そのときの環境次第なのです。

刺激に驚いたことを責められたり笑われたりすると、刺激そのものではなく、その「場」＝「学校」に対してネガティブな認識をもつようになります。学校という場にいるだけで緊張するようになると、本来もっている力を発揮しにくくなります。さらに、戸惑っている状況で怒られたりすると、空回りがはじまってしまうこともあるのです。

ＨＳＣにとってこれはとてもつらいことです。人の個性として、敏感さ（鈍感さ）も、尊重されるべきなのですが、ＨＳＣは少数派なので尊重されないこともしばしばあります。そもそも、刺激に対する敏感さにこれほどの違いがあること自体にも気づかれていないことが多いのが現状です。

いずれにしても、穏やかで思いやりのある集団の中では、ＨＳＣは先生やクラスメイトを信頼し、多くの心配事から解放されます。**学校が光り輝いた場所であれば、自分のできることをしてみんなに貢献したいと強く願い、希望に満ちた気持ちになります。**敏感さを活かし、細やかな気づかいや働きぶりが評価され、学級活動などにやりがいを感じ、創意工夫して成長していきます。

ＨＳＣは困りごとが多そうに感じますか？　本来はそんな

ことはないのですが、このパートでお伝えした通り、気持ちや刺激を敏感に感じとったその先に、周囲からどのような反応があり、そこから何を感じとるかによって、ＨＳＣの学校生活の充実度はまったく変わってきます。

次のＳＴＥＰ３では、ＨＳＣやその保護者の方のお悩みにお答えしていきます。

STEP 3

HSCを伸ばす関わり方を知る

ここからは、HSCを伸ばす子育てについて、日頃から意識してほしいポイントを解説していきます。生活の中のあらゆる場面で、少し考え方を変えることで楽になることや、状況が好転することが、実はたくさんあります。HSCと幸せな日々を過ごすためのヒントにしてみてください。

1

ＨＳＣを伸ばすためのマインドセット（心構え）

ＨＳＣの安心と成長のために、まずは自分と向き合いましょう

私のもとには、ＨＳＣのことで悩み、深刻な表情を浮かべる保護者の方が、たくさんいらっしゃいます。中には、子どものこと以外の悩みも抱え、心身ともに消耗し尽くし、「この子は大丈夫でしょうか」とおっしゃる方もいます。大事なわが子のことですから、お気持ちはよく分かります。でも、私はそうした保護者の方に、まずこう伝えます。

「まず見つめるべきは、お子さんのことではなく、ご自身のことです」「お子さんは、疲れ切ったお母（父）さんを見て、何もできない自分のせいだと感じ、苦しんでいるかもしれません」と。

ＨＳＣの安心と成長のためには、親自身の気持ちにゆとりが必要です

ＨＳＣは、親の心情や置かれている状況を、非常に敏感に読み取ります。親が幸せだと感じていると、ＨＳＣは安心して過ごし、ぐんぐん成長していきます。逆に、親がストレスを感じていると、ＨＳＣはそのことも敏感に察して心を痛めます。ときには体調に影響することもあるほどです。

例えば、親が仕事で悩んでいたり、配偶者や親族とのトラブルを抱えていたりすると、ＨＳＣは決して心が休まることはありません。極端な場合、ご家庭でＤＶ被害に遭っているのに「この子は直接被害を受けていないから大丈夫」などという方もいますが、世界で一番好きな親が傷ついている姿を見るのは、ＨＳＣにとって耐え難い不幸そのものです（「面前ＤＶ」といいます）。

ＨＳＣにとって、親の幸せと自分の幸せは、「表裏一体」。ＨＳＣとともに歩むためには、まず親である自分が心穏やかであることが大事なのです。

HSCは親が悩んでいることもストレスになる
職場にて…
あの資料
まだ できてないの？
たるんでるん
じゃない？
この間も
お子さんがどうとか
言って…
何しに来てるの？
大体
あなたはねぇ…
家にて…
もう会社を辞めたい…
つらそうだけど
私には何もできない…

HSCに真摯に向き合うために邪魔になる「ノイズ」は極力取り除きましょう

また、親自身が悩みやトラブルを抱えていると、HSCの繊細な心の機微に気づいたり、寄り添ったりすることは難しくなるものです。「子どもに寄り添って助けになりたいのに、うまくできない」という現実は、親にとってさらにストレスになり、子どもを見る目を曇らせます。

何もない空間で、HSCと真正面に向き合っている状態を想像してみてください。自分とHSCが幸せになる上で、「ノイズ」になるものはないでしょうか。仕事上の悩み、夫婦や親戚との関係などなど……。**できる限りのノイズを取り払って、曇りなく、HSCを見つめることができるような環境を整える**ことが、HSCと向き合う第一歩です。

HSCには「自己肯定感」を育成するのが大事です

近年、子どもの成長のためには**「自己肯定感の育成」**が重要だと認知されてきました。**自己肯定感とは、自分の存在を積極的に評価できる感情や、自らの価値や存在意義を肯定できる感情の**ことです。これは、すべての子どもの成長の土台となるものです。

自己肯定感が高ければ、自分が抱いた感情をそのまま素直に受け止め、前向きに取り組むことで、成長していくことができます。一方で、自己肯定感が低いと「どうせ自分には無理」などと自分を卑下し、物事にチャレンジして成長することをあきらめるようになってしまいます。

HSCの自己肯定感を高めるために、ありのままを受け入れましょう

HSCは、刺激や人の気持ちに敏感です。親自身が非HSPであれば、感覚が違うと感じることも多いでしょう。ときには「消極的」「気にしすぎる」など、ネガティブな感情を抱いてしまうこともあるかもしれません。こうした親の感情が伝わると、HSCは自己肯定感を失ってしまいます。

そんなときは、少し見方を変えてみてほしいと思います。例えば、自分から話し掛けることが少なくても、人のことをよく見ていて、気持ちの機微に気づいて、寄り添うことができる。いろいろなことを気にしているからこそ、先のことを深く考えて慎重に行動することができる。……このように、見方を少し変えてみると、

ＨＳＣならではの特徴は、自慢したくなるような、とても素敵なものだと思いませんか？　私はさまざまな親子を見てきましたが、**１００％の自信をもって、ＨＳＣは素敵で誇れる気質だと断言できます。**

親がＨＳＣを誇りに思う気持ちが自信を与えます

ＨＳＣは、何かを変える必要などまったくありません。親が心からＨＳＣのよさを理解し、「そのまま伸びればいい」と、子どものことを誇りに思っていれば、必ずそれは日々の態度や言葉から伝わっていくものです。それがＨＳＣの自己肯定感を育むことになります。

ポジティブな親の見方
ハンカチ落としたよ！
ありがとう！
気づいてなかった！
よく気づいたね！渡せてよかったね

「子ども」ではなく「一人の人間」として接しましょう

前述した通り、ＨＳＣの自己肯定感を高めるためには、子どものありのままを受け入れることが大事です。しかし、ここで気をつけたいのは、「この子は○○だ」「この子が好きなのはＡで、嫌いなのはＢだ」という固定観念につなげてしまうことです。

親は、子どもが生まれたときからずっと間近で成長を見守ってきました。そのため、ときに子どものすべてを分かった気になってしまうことがあります。しかし、当然ですが、親と子どもは別人格で、子どもの考えを１００％理解しているわけではありません。

「自分の子どものことはすべて分かっている」という思い込みはキケンです

私のもとには、親子一緒に相談にくる方が多いのですが、ＨＳＣのお子さんからは「親のことは大好きで信じている。でも自分のすべてを理解してくれているとは思わない」といった本音をよく聞きます。私がＨＳＣにヒアリングしているのを聞いて、親が「あなた、そんなこと考えていたの？」と驚くこともよくあります。

ＨＳＣには、たっぷり愛情を注ぎながら、さらにその子自身をよく見て、理解に努め続けることが必要です。何においても、「この子はこう」「子どもはこういうもの」という考えは捨てましょう。言動の一つひとつから、**子どもを一人の人間として尊重するように意識してみてください**。

2

環境づくり

「ごく自然な家族の風景」を大切にしましょう

外でたくさんのことを気にかけ、人の何倍もパワーを消費してしまうＨＳＣ。そのため、家はホッとリラックスできるような環境を整えておく必要があります。また、そのような空間であれば、困りごとがあったときにもＨＳＣは話しやすくなるものです。

と言っても、親が何か特別な役回りを演じたり、特別な調度品や間取りを整えたりする必要があるわけではありません。ＨＳＣは、家族の誰かが鼻歌を歌っているような、ごくごく当たり前の自然な日常の風景にとても安心感を覚えます。「お母さんが料理している音を聞くと安心する」という子や、中には、受動喫煙の観点からはよくないことですが、「お父さんがたばこを吸っているときはリラックスしているときだから安心する」という子どももいます。

ＨＳＣは、「秩序が保たれた平穏な生活」が繰り返されることを望んでいます。それを無理に演じてつくるのではなく、自然にそのような日常を送れるようにしたいものです。

3

話の聞き方

HSCの話を聞くのに特別なスキルはいりません

「敏感なHSCには、日頃から特別注意して接しないと」と思われる方がいますが、そんなことはありません。実は、HSCと話をするのに、特別な配慮やスキルは必要ありません。ごくごく普通に、純粋に話を聞くことができればよいのです。

HSCは、特別扱いやダメな子扱いされて

自然体で誠実に接すればOK!

いることによく気がつきます。そして、自分のせいで相手に負担をかけていると感じ、自己肯定感を失ってしまいます。

繰り返すようですが、HSCに対して「子どもだから」という考えは捨てましょう。意識してほしいのは、「一人の人間として誠実に接すること」これが一番です。

子どものペースで話を聞きましょう

子どもの話を聞くとき、全部聞かずに途中で遮って、大人の言葉でまとめようとする人がいます。HSCはこういう対応をされると、話をするのが「迷惑」なのだと理解します。これが積み重なると、本音を言わなくなってしまうこともあります。

子どもの話を遮るのはNGです

親子の会話を聞いていると、子どものペースで最後まで話を聞けている親は意外と少ないように思います。悪気もなく、話をまとめてあげているという意識でついやってしまう方も多いのではないでしょうか。子どもが考えながらゆっくりと話

していると きは、待ってあげてください。**大人と話すときと同じように、相手のペースを尊重**しましょう。

一度にすべて聞き出そうとしないでください

一度にすべてを聞き出す必要はありません。うまく気持ちを表現できず話に詰まってしまったり、話し終わってもまだ何かを言いたそうだったりすると、つい言葉を急かしてしまいがちです。でも無理に聞き出すのは、HSCに負担をかけるので、やめましょう。

特に、困りごとや悲しかったこと、つ

らかったことなどを話すのはとても労力のいることです。時間が経って、気持ちが落ち着くと話しやすくなることもあります。

子どものペースで話を聞き、それ以上話すことが難しそうだなと感じたら、**「気が向いたら話してね」「思い出したら話してね」**と一言添えてみてください。

HSCは安心して、また話し掛けてくれるはずです。

4 話し掛け方

「節度」ある話し掛け方が大事です

ＨＳＣに対しては、一人の大人に接するのと同じように話し掛けるくらいが丁度よいです。大人同士では、相手がピリッとした空気をまとっているとき、ずけずけと「なんで怒ってるの?」とは聞かず、ひとまず様子を見守るでしょう。ＨＳＣに対しても同じです。

ＨＳＣは特に学校で人一倍いろいろなことに気がつき、気をつかいます。とても疲れて帰ってくることもよくあります。そんなときでも、ＨＳＣは「なんで?」や「どんなことがあった?」と聞かれると、頑張って答えようとします。これが度重なると、ＨＳＣには大きな負担です。

疲れて帰ってきても疑問はいったん後回し。まずは心身ともにきちんと休まるよう配慮するのが大事です。**「今日一日とても頑張ってきた人」として迎え、表情や様子を読み取り、落ち着いたら話し掛ける**ようにしましょう。

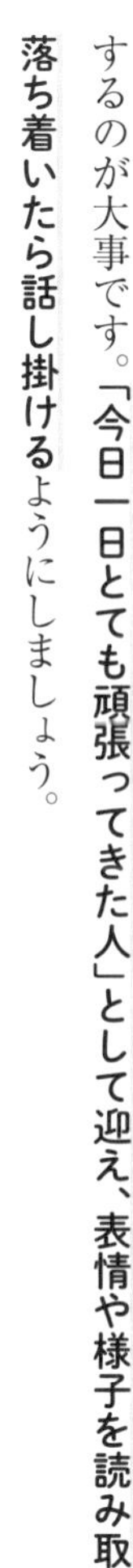

「育児書」に出てくる言葉掛けは逆効果の場合があります

ＨＳＣに真面目に向き合おうとする保護者の方ほど、育児書で熱心に勉強される方が多いように感じます。そこには、「成長する言葉掛け」や「安心するフレーズ」などがたくさん載っています。でも、そうしたマニュアルに沿った言葉よりも、**子どもを目の前にして考え、素直に出てくる親の言葉**の方が、ＨＳＣの心には響きます。

親が自分で考えた言葉を大切にしてください

育児書は非ＨＳＣを基準にしているものが多く、よいと書かれていることもＨＳＣにとってはストレスとなり、逆効果になることもあります。また、ＨＳＣは親自身の心から出た言葉ではなく「つくられた他人の言葉」であることに気がつきます。

そうした言葉を覚えるための時間を、ぜひ目の前の子どもとゆったりと過ごすために使ってほしいと思います。抽象的な言い方ですが、もっと**気を楽にして子どもと向き合えば、答えはその中にあると**気づくことができるはずです。

アリガトウ
オカアサンハ
トッテモ ウレシイデス…
本当にそう思っているのかな…

どんな答えもまずは受け止める心構えで話し掛けましょう

子どもが答えを選べないような聞き方で話し掛ける方がいます。例えば、子どもが「学校に行きたくない」という日が続いたとき。「今日も学校に行けないの？　それとも今日は行ける？」という聞き方では、「学校に行く」という答えしか受けつけないと言っているようなものです。

親は、子どもに選択権を与えていると思っています。しかし、子どもからすると「行かない」という答えは受け入れてもらえないのは明白で、事実上、選択肢は一つしかないのです。ＨＳＣならなお

さら、親の言葉の奥にある本心を見抜くことができてしまうがために、ますます本音を打ち明けられなくなってしまいます。

HSCに話し掛ける際は、どんな答えが返ってきてもまずは尊重する覚悟をして、話し掛けてください。

5 日々のサポート

HSCがチャレンジしたいことは全力で応援しましょう

HSCがチャレンジしたいと言ったことには、ぜひ協力してください。HSCは、自分の好きなことや興味のあることに対して努力することが大得意です。素晴らしい才能を開花させるチャンスになるかもしれません。

また、自分の好みや興味に合ったことであれば、普段苦手なこともできてしまうことがあります。例えば、学校の授業で発表することが苦手でも、ピアノが好きだと発表会で頑張ることもできます。そこで成功経験を積み重ねられると、人前で発表すること自体への苦手意識がなくなっていくこともあります。

授業の発表は
うまく話せなかったけど
ピアノなら
人前でもできた！
パチ
パチ
パチ
パチ
次の授業で…
考えを発表して
くれる人はいますか？
はい！
ピアノ弾けたし！
やれる
気がする！

イヤなことは無理に続けさせないでください

HSCのチャレンジをぜひ応援してほしい一方で、注意してほしいことがあります。それは、**「やっぱり嫌だ」と言ったらすぐにやめるのを認める**ということです。

「せっかく続けてきたのに」と残念に思う気持ちも分かりますが、その時点ですでにずいぶん我慢していることがほとんどです。気が変わったことを決して責めずに受け入れてください。

大人でも、興味をもってはじめてみたことでも「思っていたのと違った」と思うこともあるでしょう。無理に続けて、嫌な気持ちを繰り返すと、二度とやりたくないこととインプットされてし

まいます。再びやりたいことが見つかったときにも言いにくくなってしまいます。そんなときには、無理に続けさせるのではなく、今まで頑張ったことを認め、別に好きなことが見つかるようサポートをしてほしいと思います。

HSCには表現・創作活動がおすすめです

個人差はもちろんありますが、**感性が豊かなHSCにおすすめなのは、ダンスや音楽、絵画などの表現活動や、プログラミングなどの創作活動です**。遠慮がちな子どもが多いので、言葉以外の表現方法があると知ると喜々として取り組むケースがよくあります。もちろんスポー

ツなど、他のことでもなんでもＯＫです。研究熱心なＨＳＣは、環境が整っていれば、生き生きとその好奇心を満たすために、物事を知ろうとします。ぜひＨＳＣが心から楽しく、好きと思えることを一緒に探しましょう。

自己表現に慣れるため、日頃から「好きなもの」を選ばせるのがおすすめです

ＨＳＣは、「ＮＯ」と断ることや、「これが欲しい」と要求するなどの自己表現を控える傾向があります。自分が口にしたことで相手が嫌な気持ちになると考えるからです。

しかし、自分の意思や好き嫌いを発信することはとても大切です。親はそのためのサポートをする必要があります。

その具体的な練習方法として、選択肢を用意して「どっちが好き?」と「好きなもの」を選ばせるという手法をおすすめしています。例えば、「どっちの服が好き?」「夕食の献立はどっちがいい?」と聞いてみましょう。好きなものであれば答えやすく、無理なく自己表現ができるはずです。

日頃からこのような練習を繰り返していけば、自然と自分を発信できるようになります。すると、**気の合う人が周囲に集まるようになり、HSC自身がとても楽に生活を送れるようになる**のです。

朝
どっちの筆箱をもってく?
こっちがいい!
帰り
そのキャラクター私も好きなんだ!
ね!いいよね!

「我慢が当たり前」ではないと気づかせましょう

ＨＳＣがなかなか自分を発信しないのは、「みんなも同じように思っているけど我慢している」と考えているからです。ほかの人もみな我慢しているのに、自分だけが「こうしてほしい」と意見を主張するのはいけないことだと思っているのです。

例えば、寒さに敏感な子が、クーラーが効きすぎて教室が寒いと思っていても言わないのは、「みんな寒いけど我慢している」と思っているから。人への気づかいができるやさしい心をもっているがゆえに、本来しなくてもよい我慢をしてしまうのです。

これは、周りの大人が「みんな我慢しているわけではないよ」と教えるしかありません。親が気づいたときに**「困っていることは言っていいんだよ」と伝えてほしい**と思います。そのためにも、日々の生活で、「この子は今こう感じている」と気づけるように、子どもをよく観察することが大事です。

それは嫌だったね
ランドセルに予備を入れておいて
今度からはき替えれば
大丈夫だよ！
うん！

登校する時の大雨で
靴下がずぶ濡れ…
1日中
気持ち悪い…
でも靴下は
はいてないと…
みんな同じなんだから
ガマンしよう…

「あなたはとても素敵な子」と伝え続けてください

私はHSCの特徴はどれもが尊く、人として尊敬できる素敵なものばかりだと心から思っています。真面目で、いろいろなことに気がついて、人に気をつかえて、思いやりがあって、人に深く共感できて……。数えきれないほどの素敵なものをもった、どこに行っても自慢できる子どもたちです。

ただ、その特徴がゆえに気苦労が多く、傷つくこともあります。そんなときには、子どもの一番近くにいる親が、**「あなたはとても素敵な子だよ」と伝え続けてください**。HSCが自分に自信をもって生活を送り、そのよさが充分に発揮されるように、HSCを理解して見守ってほしいと思います。

STEP

4

日常生活の悩みを解決する（子どもへの働きかけ）

ここからは、HSCの日常生活の具体的な悩みにどう対応をしたらよいのかを解説していきます。実際によく寄せられる相談をもとにしていますので、似たようなシチュエーションで困っている人や、「あるある」と感じる人も多いはずです。ぜひ日々の子育てのヒントにしてください。

悩み
1

引っ込み思案すぎる

Q

近所の子どもたちと集まって遊んでいるときに、新しい遊びがはじまっても、なかなかその輪に入れずにいます。奥手で友達と関係が築けるか心配です。

HSCにはHSCのタイミングがある

はじめに押さえておきたいのは、**「HSC＝引っ込み思案で消極的」ではない**ということです。

HSCはとても慎重なので、新しいことをするときには、まず注意深く観察します。「遊びのルールは何か」「どんな役割があるのか」などなど……。そうして全容が把握できて、子ども自身が「遊びに加わりたい」と思えば、自然に輪に入っていくものです。

親として「他の子どもたちと楽しく遊んでほしい」、「早く輪に入ってほしい」という気持ちも分かりますが、急かしてはいけません。HSCは、親がもどかしく感じていることを察し、自分が悪いことをしているのではと不安を抱きます。「この子にはこの子のタイミングがある」と見守りましょう。

見て楽しんでいる場合も

ＨＳＣはみんなが楽しそうにしていると、自分まで楽しく、うれしい気持ちになります。ですから、例え遊びの輪に入っていなくても、見て楽しんでいる場合もあります。大人でも、スポーツやゲームに参加するのが楽しい人もいれば、見るのが楽しい人もいます。見るのが好きな人に協調性がないわけではありません。子どもの様子をよく見て、思う通りにさせておいてよいでしょう。

悩み
2

遊び仲間に振り回される

Q

よく遊ぶ子どもの中の一人に、虫を踏むなど乱暴な言動の子がいるようで、その言動一つひとつにショックを受け、嫌がっています。見ていてつらそうなのですが、せっかくできた遊び仲間です。その人間関係に親が介入していいのか迷っています。

「やさしい心」を伸ばすための選択が大事

ＨＳＣはとても心やさしく、虫などの小さな生き物にも心を寄せて日々生活していることもよくあります。非ＨＳＣからすれば特に気にしないようなことでも、ＨＳＣにとってはすべてが「自分ごと」のように感じられるのです。そのやさしい心を尊重してそのまま伸ばしていくためにも、**HSCの心が傷つくようなシチュエーションはできるだけ少なくするべき**です。

子どもの感じ方に共感した上で、「無理に一緒に遊ばなくていいんじゃない？　○○ちゃんとおままごとするのはどう？」など、わが子が無理せず自然体で遊べるような提案をしましょう。

人間関係を図にして整理して示す

とは言え、具体的に名前を挙げて「一緒にいなくてもいい」とアドバイスをするのは、なかなか難しいことです。下手をすると「お母さんやお父さんが友達を悪く言うなんて」とショックを受ける可能性もあります。そんなときには、私が相談を受けるときにやっていることが参考になるかと思います。

それは、**子どもの周りの人間関係を図に整理する**ということです。図にするために子どもから話を聞きだしていると、子どもの周りの状況が鮮明に浮かび上がってきます。すると、

「○○ちゃんとは気が合うみたいだね」と、かなり具体的な対策を導き出すことができます。

また、図にするという行為そのものによって、親の真剣さを子どもに伝えることもできるので、とてもおすすめです。そのうち子どもが自分でできるようになると、悩んだときに状況を整理しやすく、家族に相談したいときにも説明しやすくなります。

悩み
3

「みんなと一緒」に疲れている

Q

安全のために、近所の子どもたちと集まって登校させています。しかし、子どもから「みんなと一緒に行動するのが疲れる」と言われてしまいました。子どもに無理をさせるのはふびんなので、しばらく別々に登校させようと思います。

子どもの希望を決めつけない

相談者さんは、すでに別々に登校させることを決めているようですが、まずは子どもの「疲れる」に続く言葉を考えてみましょう。これに続く言葉は、本当に「みんなと登校したくない」

でしょうか。

物事にネガティブな感情を抱いているということは、「○○したくない」という行動が続くものと思いがちです。しかし、必ずしもそうではありません。特にＨＳＣは、**周囲の期待に応えたい、物事を頑張って達成したいという気持ちを人一倍強くもっています**。そして、親に手を煩わせることや、負担をかけることが大嫌いです。このケースでは「疲れるけどがんばってみんなと登校したい」という気持ちをもっていることも十分考えられます。

まずは、子どもの疲れるという言葉を受け止めて、その上でどうしたいかを聞くようにしましょう。

どんな答えでもまずは肯定する覚悟が必要

ここで必要なのが、子どもの答えが「みんなと登校したい／したくない」どちらであっても、まずは肯定する覚悟をもつことです。どんな場合でも「あなたの味方だよ」「見守っているよ」という姿勢を見せれば、ＨＳＣはとても安心します。くれぐれも、**自分の考えにそぐわない答えだとしても、受け入れる覚悟をしてから希望を聞く**ようにしましょう。

そして、子どもの答えが「みんなと登校したくない」であれば、ここで初めて親が行動する番です。子どもの本音をそのまま伝えると人間関係が悪化する可能性もあるので、「自分の出勤時間に合わせて登校させたいから」など、別の理由を付けて、一緒に登校している子どもの保護者などに伝えるのも一つの手です。

悩み

4

人に譲ってばかり

Q

担任の先生から、学校で委員会や係を決めるとき、自分のほかに希望者がいるといつも人に譲っていると聞きました。先生は「とても助かる」と言ってくれましたが、もっと主張ができないと、将来も心配です。

場が円満になるのがうれしい場合がある

ＨＳＣは、自分が譲ることで集団の和が保たれることに、喜びを感じることがあります。周りの人が楽しそうにしていたり、喜んでいたりする状況が大好きです。逆に、集団の中で、自分の意見が通らず、悲しい思いをしている人を見るのはつらいです。

委員会や係を決める場では、希望者が複数人いてみんなが困っているのは、とても悲しい状況です。そんなとき、HSCは、自分が譲ることで場が円満になると、自分もうれしく感じることもあるのです。

ですのでストレスに感じている様子がなければ、「先生がみんなのことを考えているって感心していたよ。すごいね」と素直に感心してあげましょう。**無理に主張させることは、その子のよさや、その子らしさを奪ってしまうことにもなりかねません。**

親の感覚＝ＨＳＣの感覚ではない

親からすると、自分の希望がいつも通らないことは、ストレスにつながると感じるかもしれません。しかし、**親の感覚と、ＨＳＣの感覚は、必ずしも同じではありません**。このことをいつも頭の片隅にとどめておいてほしいと思います。そうして、自分の感覚と違う行動をとる子どもを見たときに、「この子はこういう感覚なんだ」と一つひとつ理解することが大事です。

悩み

5

ＨＳＣの言い分を否定してよいか悩む

Q

子どもが「掃除の時間にみんながちゃんとやってくれない」と言います。よく聞いてみると、周りの子も掃除はしているものの、うちの子ほど丁寧にやっていないのが気になるようです。周りの子たちに問題はないように思っているのですが、そう伝えると傷つきそうで、どうしたらよいか悩んでいます。

変に気をつかわないでOK

Ｐ１０８で述べた通り、ＨＳＣの言葉はまず受け止めることが大切です。**しかし、どん**

な言い分も、「100％肯定してあげなきゃ」「認めなきゃ」と変に気をつかう必要はありません。
むしろ本心ではないことを言われたりするのが苦手な子たちです。一旦、言い分は受け止めた上で、事実と明らかに違うことは、きちんと伝えた方が、ＨＳＣは本音が聞けたと安心します。「子どもだから」、「ＨＳＣだから」という考えは捨てて、一人の人間として接することが大事です。

「基準がみんな違う」という気づきはＨＳＣにとって大発見

具体的な対応としては、まずは話を聞いて、「お母（父）さんもそんなにできないけどなあ」「その様子なら、みんなもまあまあちゃんとやってると思うけどなあ」と、素直に思ったことを伝えて問題ありません。

幼いうちはすべての物事の基準が「自分」です。ＨＳＣは真面目で、細かいことまでよく気がつくので、基準がほかの子どもたちよりも高い場合があります。だから不満を抱いてしまうのです。そんなときには、子どもの考えが凝り固まり、視野が狭くならないように、ほぐしてあげましょう。

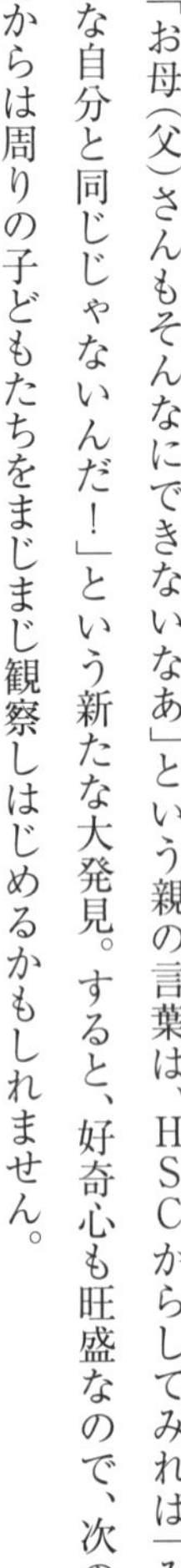
「お母（父）さんもそんなにできないなあ」という親の言葉は、ＨＳＣからしてみれば「みんな自分と同じじゃないんだ！」という新たな大発見。すると、好奇心も旺盛なので、次の日からは周りの子どもたちをまじまじ観察しはじめるかもしれません。

悩み 6

「不安」が消えない

Q

毎晩、宿題や次の日の教科書の準備をしています。忘れ物に厳しい先生ということもあり、何度も何度も確認していて、「もう大丈夫だから寝なさい」と言っても心配そうです。最近では少し疲れているようにも見え、どうしたらよいか悩んでいます。

「忘れ物をすると大変なことになる」

ＨＳＣは、物事の先をよく考え、「これをやったらどうなるか」を想像することができる子です。そして、「迷惑をかけない子でありたい」という願いを強くもっています。

だから、環境にもよりますが「忘れ物をしたら怒られるかも」「親に連絡がいって、がっかりさせてしまうかも」と先々のことを考えて念入りに確認しようとします。

親の「行動」で不安を解消する

こんな場合の対応方法には2つあります。まず一つ目は、声掛けだけでなく行動するということ。「もう大丈夫だよ」で終わらせるのではなく、**「最後に一緒に確認しようか」**と言って、隣で一緒に忘れ物がないか確認します。子どもが疲れているように見えるなら、なおさらです。終わりの作業を手伝って安心させましょう。

2つ目は、失敗しても大丈夫と思えるようなサポートをすることです。万が一、忘れ物をしたとしても「お母(父)さんも時々忘れ物をしたなあ」などとフォローしましょう。もちろん、**失敗を責めるのは絶対にNG**です。一番失敗したくなかったのは本人なのですから。

明日使う
教科書
入れたよね？
さっきも見たけど
すごく不安…
さんすう
こくご

宿題 まちがってないかな…
忘れ物 ないかな …
眠れない…
もう大丈夫よ
何度も見たでしょ？
寝なさい

じゃあ最後に
一緒に確認しよう
お母さん…
ありがとう
ゆっくり
寝ようね
ホッ

悩み

7

いつも緊張している

Q

家ではこなせる着替えや宿題、片付けなどが学校だと緊張して上手くできないようです。毎朝「肩の力抜いて」「リラックスが大事」と言って送り出し、先生にも配慮していただけるよう伝えているのですが、なかなかほぐれないようです。最近は朝、私から声をかけられるのを避けるようなそぶりを見せるようになりました。

親の余裕のなさが子どもに伝わっている

家では何でもこなせるわが子が、学校で緊張して力が発揮できてないと知ったら、親としてはは焦るでしょう。何とかリラックスさせたいと思うのは当然です。そのためには、まず**親自身が余裕をもち、リラックスしている必要があります。**

HSCは、人の気持ちをよく察することができ、さらに高い共感性を備えています。大好きな親が自分のことで悩んで余裕をなくし、さらに先生にも配慮を求めていることが子どもに伝わると、HSCはさらに緊張を高めることもよくあります。**HSCへの対応の基本は、まずは親自身が幸せで、リラックスした状態を保つこと**です。朝、子どもを心穏やかに送り出せましたか？　「普段通りでよい」と、ゆっくりと落ち着いたトーンで声をかけていますか？　振り返ってみてください。

行ってきます…
ドキドキ…
緊張してるな…

リラックスして！緊張してるって先生にも言っておいたから！
うん！
お母さん僕のことで必死になってる
○○くんはいつも通りで大丈夫よいってらっしゃい
あ…そうかいつも通りでいいんだ

親も悩みを一人で抱え込まない

　親の自分が余裕をなくしていたと感じたら、共感できる人を探すのも一つの手です。同じＨＳＣをもつ親同士なら悩みを共有できるでしょう。もちろん、家族や身近な友人でも構いません。**分かってくれる人がいるという状況は、心も体もリラックスさせてくれる**ものです。親自身の幸せが子どものの幸せにつながることを、ぜひ心にとめておいてほしいと思います。

悩み
8

ショッキングなニュースで落ち込む

Q

新聞やニュースを見て、世の中の出来事を知ってほしいと思います。しかし、紛争や感染症で大勢の人が亡くなっていることを知るとショックを受けてしまい、塞ぎ込むこともあります。新聞やニュースは見せない方がよいのでしょうか？

情報を選んで見せる

ＨＳＣは不幸なニュースも「自分ごと」として感じます。まず、ニュースは可能であれば活字で見せるのがよいと思います。

テレビのニュースは、一方的に、ときにはショッキングな映像とともに流れてきて、情報を選ぶことができません。一方、新聞など活字の媒体であれば、先に親が見て子どもに見せるものを選ぶこともできます。また、子ども用の新聞を活用することもおすすめです。

HSCのやさしい心は宝物

とはいえ、たまたまテレビでニュースを目にしてショックを受けてしまうこともあるでしょう。そんなときには、一緒に悲しんで、祈って、共感してあげてください。

HSCは、遠い国の紛争でも、悲しい思いをしている人の心に寄り添うことができます。そのやさしい心は、尊重されるべき、とても尊いものだと私は思います。「そんなの自分に関係ないじゃない」「よくあることよ」と一蹴せず、**どんなことにも心を寄せられる感性を、ぜひ大切に育ててほしい**です。

家でネットニュースをチェック中…
【動画】軍事クーデターで民間人が多数死傷
お…
何…？
カチ…

遠い国のことだから日本には関係ないよ
ドーン
民間人の死傷者が多数出ています
カチ

悲しいニュースだね
あとは電子版の新聞を読んでみようか
うん

悩み
9

過保護ではないかと悩む

Q

HSCについて、本を読んだりネットで調べたりして、そのよさは理解しているつもりです。基本的に子どもの言動を尊重し、やりたくないことを無理にやらせることはありませんでした。しかし、親戚から「甘すぎる。失敗しなきゃ成長しない」と言われました。これまでの子育てが過保護だったのではないかと悩んでいます。

HSCに「スパルタ教育」はゼッタイNG

答えはNOです。決して過保護ではありません。**いわゆる「スパルタ教育」と呼ばれるよ**

うな教育とHSCは相性がとても悪いからです。HSCは、結果をひどく責められるようなことがなくても、失敗すると自分を「情けない」と感じます。さらに、親や周りの人に、迷惑をかけているとも感じます。その気持ちが消えるまでには、ときには何年もかかることもあります。

厳しくしなくても伸びる

こう聞くと、HSCは経験を積めず、成長できないと心配する人もいるでしょう。しかし、そうした心配は無用です。**HSCは成功体験を積むと、さらに努力を重ねることができるので、どんどん成長していき**

ます。ですから、「厳しくしないと伸びない」などと思う必要はまったくありません。「失敗の積み重ねが成長につながる」とよく言いますが、それは非ＨＳＣの大人の理論です。ＨＳＣは、過度なストレスのない環境が整っていれば、自分で努力して伸びていく子どもたちなのです。

もし、ＨＳＣのわが子が失敗しそうになっていたら、成功するための準備を手助けしてあげてください。これはＨＳＣにとっては過干渉ではありません。自分の子を信じて、安心して成長できる環境を整え、言葉と手をかけることが大事です。

悩み
10

HSCの行動にイライラする

Q

学校から帰ってくると、「疲れた」を連発します。何度も言われるとイライラしますし、横になったままダラダラとしているのを見ると、子どもに怒ってしまいそうになり、つらいです。どうしたらよいでしょうか。

「子ども＝活発」という思い込みを捨てる

親は、「子ども＝活発」「学校＝子どもが楽しく笑顔で過ごす場所」と思いがちです。でもそれは、親の思い込みでしかありません。子どもたちみんながそうではありません。特に

HSCは、いろいろなことに気がついてしまうために、人よりたくさんのエネルギーを消耗して学校から帰ってきます。

そんなときに、自分のせいで親がイライラしているというのは、HSCにとって一番つらいシチュエーションです。まずは、**子どもがみんな元気で、学校が大好きで、楽しく過ごして帰ってくるわけではない、ということを受け入れましょう**。そして、「よく頑張ったね」、「おやつあるよ」と、子どもの気が休まるように声をかけてください。

よい声掛けができなくても大丈夫

とはいえ、どうしてもイライラが勝ってしまうときもあるかもしれません。でも、普段から信頼関係を築いて、親が子どもに寄り添う姿勢を示していれば、一時的に感情がぶつかっても問題ありません。お風呂のあとなど、自分自身がリラックスして余裕があるときに、「さっきはごめんね」などと冷静に声をかけ、話を聞くようにしましょう。

あ――――
疲れた――

子どもなんだから
元気に外で遊んできたらいいのに
もっとがんばらないと
いけないんだな…
「疲れた」
ばっかり
言って…

おかえり
今日も がんばったねー

悩み

11

乱暴な行動が目立ちはじめた

Q

最近、笑顔が見られなくなり、ドアを大きな音を立てて閉めたり、物を投げたり、乱暴な態度が目立つようになりました。乱暴な行動を注意したところ、涙ぐんで部屋にこもってしまいました。HSCでも粗暴になることはあるのでしょうか。

HSCが粗暴になったら「非常事態」

HSCは普段、心穏やかに過ごしたいと願っています。モラルが高く、ものを乱暴に扱ったり、人を押したりするのは悪いとよく分かっています。しかし、**強いストレスなどを受**

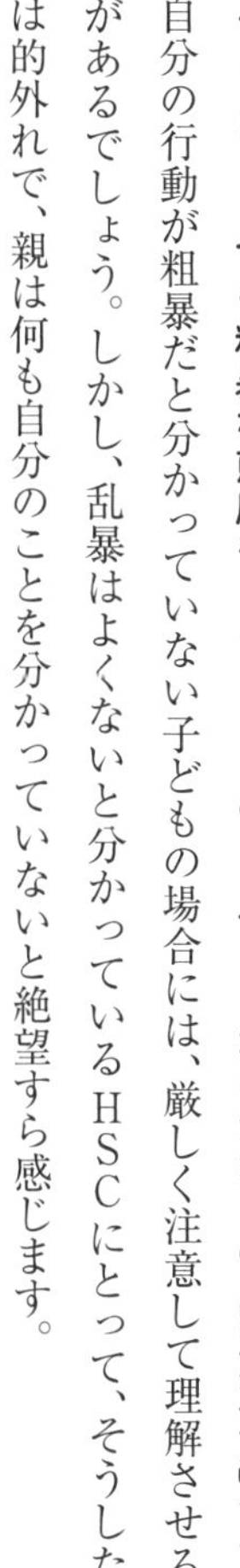

けると、HSCでも粗暴な態度をとることもあります。これはかなりの「緊急事態」です。

自分の行動が粗暴だと分かっていない子どもの場合には、厳しく注意して理解させる必要があるでしょう。しかし、乱暴はよくないと分かっているHSCにとって、そうした注意は的外れで、親は何も自分のことを分かっていないと絶望すら感じます。

このような相談があったとき、私は「もともとどんな子だったのか」を聞くようにしています。そうすると、多くの親が「細かいことによく気がつくし、気を配れるやさしい子だった」と答えます。

そして、今の子どもがこの子らしさを失っている状態であることに気がつき、ハッとするのです。親がヒートアップして、子どもの乱暴な行動を叱ったり注意したりしても、何も解決しないと。

目を向けるべきは、態度が乱暴なことではなく、自分らしさを失って乱暴になってしまった「つらい気持ち」です。子どもの味方になって、そのつらさを解消することに手を尽くしましょう（具体策は次のページからご紹介します）。

悩み
12

子どもが一人で悩みを抱えてしまう

Q

悩み⑪を相談させて頂いた者です。子どもが乱暴になった原因に目を向けるべきことは分かったのですが、子どもがなかなか自分から話そうとしません。強引に問い詰めてでも聞き出すべきでしょうか。

子どもから話せる環境をつくる

ＨＳＣは、親が自分のことで困ったり悩んだりする様子を敏感に感じ取ります。「こちらから聞き出すべきだろうか？」と親が迷っていることも察してしまい、申し訳なく感じ、どんどん言いにくくなってしまいます。そんな状況で、「何かあるなら言いなさい」と問い詰められても、HSCは素直に話すことができません。

HSCが悩みを打ち明けやすいのは、**「いつでも、どんなことでもちゃんと聞くよ」**という姿勢を示している親です。安心できる環境であれば、子どもは自分からぽつぽつと話してくれます。無理に聞き出すのではなく、しっかりと話ができる時間と空間をさりげなく用意し、子どもから話してくれるまで、普段通りリラックスして過ごしましょう(もちろん、外傷や衣服のいたみ、持ちものの紛失や損壊など、いじめや犯罪の可能性がある場合は、この限りではありません)。

詰め寄ったり動揺したりはNG

やっと子どもから話し掛けてきた、そんな場合でも深刻な表情で「いったい何があったの?」と詰め寄るような言い方をしたり、動揺を見せたりするのは避けた方がいいでしょう。自分のせいで親が感情を乱すことは、HSCが望むことではありません。あっけらかんと「どうしたの?」と穏やかに聞いてあげるくらいが丁度よいと思います。

バシーン!

乱暴なことして
何があったの?
言葉で言わなきゃ
分からないよ?
ねえ!

おかえりー
一緒におやつ食べよう
今日はさ
どんな1日だったの?
ハイ
牛乳
クッキー

悩み
13

体調不良を理由に学校を休もうとする

Q

学校の雰囲気が苦手なようで、最近は朝に「頭が痛いから休む」と言うようになりました。受診した日もありますが、健康には問題がなさそうで、おそらく仮病だと思います。つらい思いはさせたくないですが、すぐに休ませてしまうと癖になりそうで、どうしたらいいのか分かりません。

体調不良の訴えはHSCからのSOS

まず必要なのは「頭が痛い」というその言葉を信じることです。たとえ気持ちの問題だと分かっていてもです。ＨＳＣは、周囲の期待に応えたいという願望を強くもっています。そのＨＳＣが休みたいと訴えるのは、「これ以上は頑張れない」というＳＯＳです。迷わず味方となって休息をとらせるようにし、痛みが治まらないようであれば、再度医師に診てもらいましょう。頭痛や腹痛の原因は多岐にわたり、親の思い込みで治療を受けられないということは避けなければいけません。

初動が大事

子どもからのＳＯＳへの対応は、初動がとても大事です。**「親から信じてもらえている」という事実に子どもは安心し、悩みも打ち明けやすくなります。**

相談者さんのように、すぐに休ませると「休み癖」がつき、いつまでたっても問題は解決しないと心配する方もいます。しかし、無理やり学校に行かせると、今までずっと頑張ってきたＨＳＣがようやく出したＳＯＳを無視することになります。親にも見離されたと感じ、問題はより深刻化してしまいます。結果的には、心身を十分に休ませることが問題解決への近道になることをぜひ知ってほしいと思います。

学校へ行けない日が長く続くようなら、そのときには本人の気持ちをよく聞いた上で、学校やスクール・カウンセラーなど信頼できるところに相談して、子どもにとって最善の対応を考えていきましょう。

悩み

14

転校させるか悩む

Q

新しい担任の先生が大声で怒ってばかりいます。そのため、学校に行きたくないという日が続いて困っています。転校を考えた方がよいのか悩んでいます。

転校して解決できるかを、まず考える

まず押さえておきたいのは、転校が必ずしもＨＳＣの悩みの解決につながるとは限らないということです。転校をするにしても、大事なのはその「目的」です。

相談者さんの子どものように、学校に行きたくない理由がすぐに怒鳴る怖い先生である

場合、転校先にも似たタイプの先生がいたら、また同じつらい日々を過ごすことになり、解決にはなりません。

まずは子どもが学校に行きたがらない理由に寄り添い、今の学校に通いながら解決する手段を探すことを私はおすすめします。後述する通り、転校はＨＳＣにとって大きな負担になるからです。例えば、苦手な先生がいたとしても、学校に一人でも自分を理解してくれる、安心できる大人がいれば、落ち着きを取り戻し、学校に通えるようになることも珍しくありません。学校に相談して対処してもらう道もあります。

親だけで判断しない

もう一つ大事なのは、転校する・しないは、親だけで決めるのではなく、子どもの希望を聞いて決めるということです。場合によっては「転校することもできるよ」と、親が子どもの味方であることを示した上で、希望を聞くようにしましょう。

ＨＳＣにとっては、転校して新しい環境に入っていくことも、心の準備が必要で負担になります。さらに、転校するとなると、親はさまざまな手続きに奔走することになりますが、本人はその状況について、自分のせいで親に迷惑をかけていると、とてもつらく感じます。

転校も一つの手段ではありますが、**その選択しかないということはそう多くはありません。子どもの気持ちや、今の状況の解決につながるかどうか、信頼できる複数の立場からの意見を聞いた上で、慎重に判断してください。**

STEP 5

学校生活の悩みを解決する（学校・先生への働きかけ）

本パートでは、日々寄せられる相談の中から、学校や先生への対応に関するもので、相談の多いものを選んで答えていきます。私はこれまで、教育委員会の研修や教員向けの講演会なども行ってきました。しかし、残念ながら学校現場ではまだHSCの存在はそれほど知られていないのが現実です。そんな学校の先生方と上手にコミュニケーションをとり、HSCが安心して充実した学校生活が送れるようにする方法をご紹介します。

困りごとを学校に「伝える・伝えない」問題

HSCに関することで、学校で困ったことがあったときに、保護者の方がまず悩むことはそれを「先生に伝える・伝えない」問題です。私のもとに相談にいらっしゃる方の多くも、細かいことを学校に伝えると、「モンスター・ペアレント」と思われるのではないかと悩まれます。

そこで、私が「先生に困りごとを伝える・伝えない」を判断する際の基準と、わがままな要求と誤解されないようするコツをお伝えします。まず私が学校・先生に伝えるケースは、次の3つのどれかに当てはまる場合です。

伝える条件①

伝えればすぐに改善につながることは伝える

例えば、「寒がりなので、考慮してほしい」というのは、物理的にすぐに対応可能です。ほかの子どもも寒がっているなら冷暖房の設定温度を変えるか、もし自分の子どもだけが寒がっているなら上に一枚何かを着させてほしいと伝えれば、すぐに改善できることです。

伝える条件②
子どもの心身の調子や生活に支障が出ていることは伝える

先生やクラスメイトの暴言や乱暴な行為など、子どもが傷つき、健全な成長に悪影響がある場合は、すぐに伝えます。もし先生の行動に問題があるなら、校長先生や教頭先生、学年主任の先生に伝えることになります。

伝える条件③
①②に当てはまらなくても、面談などの機会があれば、「ついでに」伝える

面談など、先生と直接お話しできる機会があるなら、①②のようなケースに当てはまらなくても、それとなく伝えます。私は、学校との関係を良好に保ちたい場合には、手紙などはじめから改まった文書で伝えるのはおすすめしていません。文書にすると相手の反応がすぐ分からず、学校との関係が緊張する可能性もあるからです。

次に、伝えない場合の判断基準をご紹介します。

うちの子はきちんとやりたい
気持ちが強くて「急いで!」と
声がかかると慌ててしまい
作業が進まなく
なってしまうようです
そうだったんですね!
考慮します

伝えない条件
A

学校で解決できないこと・家庭で解決すべきことは伝えない

例えば、「においに敏感で教室で、飼っている虫のにおいが気になる。教室で何かを飼育するのをやめてほしい」というケースです。生き物の飼育はクラス全体の教育活動の一つです。HSCが困っていても、先生もすぐに「では飼育はやめましょう」とは言えません。こうした場合、親から先生に伝えるのではなく、「飼育ケースを席から離れたところに置いてもらえるよう先生に相談しては？」など、子どもと一緒に解決策を探ります。

給食の麻婆豆腐がからいから もう少し甘くしてほしい
からければ減らしてもらって家に帰ってから何か食べるのはどう？

伝えない条件 B

話しても通じないような先生が相手の場合は伝えない（伝えるルートを再考する）

例えば、あってはならないことですが、体罰事案を起こすような先生は、保護者から話をしても、改まらない可能性があります。こうしたケースは、その先生本人ではなく、校長先生や教頭先生に相談します。

伝えない条件 C

子ども本人が望まない場合は伝えない

ＨＳＣは、集団の和を大切にします。保護者がアクションを起こして、学校や学級の和が乱れるのを恐れます。ですので、本人が望まない限りは伝えません。

ここで保護者の方にぜひ知っておいてほしいのは、ＨＳＣは学校生活でときに悩みを抱え、状況によっては休息が必要な時期もあるかもしれませんが、たいていの場合、**心の奥底では「きちんと学校生活を送りたい」と願っている**ということです。どの子どもも、学校に入学する際は期待で胸を膨らませています。ですので、私はどんな場合でも学校や先生方を否定することは決してしません。学校や先生と協力して、ＨＳＣを伸ばしていけるような関係を築いていけるのが理想です。

こうした視点で、次ページから実際にＨＳＣの保護者から寄せられた、学校生活での悩みを見ていきます。もっとも理想的な解決策を述べているため、「対応が生ぬるい」「これでは学校は動かない」と感じることもあるかもしれません。しかし「理想」を知ることが解決の第一歩です。ＨＳＣについて知識がない学校や先生方にどう伝えるのか、その基本として押さえてください。

学校や先生と協力してHSCを伸ばすのが理想
じゃあ〇〇くんに
答えてもらおうかな
はい！

悩み

1

学校にHSCであることを伝える・伝えないで悩む

Q

学年が上がり、担任の先生が変わりました。そもそも、先生に対しては、子どもがHSCだということを事前に伝えておいたほうがよいのでしょうか。

伝えなくてもよい

私は、このようなケースでは伝えなくてよいとアドバイスしています。

38ページで述べた通り、ＨＳＣは病気ではなく、子どもの「気質」の一つです。学校にはいろいろな気質の子どもがいますが、それぞれの親がわが子に想定されるトラブルを、いちいち先生に相談することはありません。それと同様です。

それにＨＳＣは、人より周りがよく見えていて、思いやりがあり、とっても真面目。トラブルが少ない普通の教室環境であれば、むしろ**「ぜひみんなの手本になってほしい」と先生が感心するような力を発揮**します。先生に特別な配慮を求める必要はないでしょう。

HSCは気質の一つで、特別な配慮は不要

子どもが学校生活で困り事に直面したら先生に相談することも視野に入れる

先生に相談するのは、学校で嫌なことがあった、クラスメイトから傷つけられたなど、子どもからトラブルを相談されてから、もしくは親が子どもの異変に気づいてからでもよいはずです。

ＨＳＣはとっても素敵な自慢できる気質をもった子どもです。**必要以上に心配することはまったくありません。まず親が自信をもって、学校に送り出しましょう。このことがＨＳＣの自己肯定感につながり、楽しい学校生活にもつながります。**

わが子への信頼が、HSCの楽しい学校生活につながる
今日から新しいクラスね お母さん心配… あなたは大丈夫？ 嫌なことがあったら すぐに言ってね
いってきます…
新しいクラスと先生 怖いな…
今日から新しいクラスだね あなたなら きっとうまくやれるよ
いってきます！
僕は新しいクラスでも 大丈夫だ！

悩み
2

怒鳴る先生がいて怖い

Q

学校に大声でよく怒鳴る先生がいて怖いと言っています。自分が叱られていなくても、先生が怒鳴っている場面を見るのがつらいようです。子どもが怖がっていることを、学校に相談するべきでしょうか。

↓

相談すべきです

HSCの学校生活で、一番よく受ける相談の一つは、怒鳴る先生の問題です。悩み①で述べたように普通の環境ならHSCは素晴らしい力を発揮しますが、**怒鳴る先生が近くに一人いるだけで、HSCは恐怖で実力が発揮できません。**

私は、教育において、怒鳴るという行為は必要ないと考えます。先生に限らず、親が怒鳴るのも、また、怒鳴ることを周りの人が容認する行為もダメです。怒鳴ると、多くの子どもは一瞬大人に従いますが、その実何も学んでいないからです。

HSCは5人に1人の割合でいます。ですの

怒鳴る先生の指導では、HSCは力を発揮できない

で、学校にはほかにも怖がっている子どもが少なからずいるはずです。不登校につながる場合もあるので、このケースは学校に相談するべきです。

相談相手はよく見極めて

その際、相談する相手はよく見極める必要があります。例えば、怒鳴り方があまりにもひどい場合は校長先生や教頭先生、学年主任の先生などに相談するべきです。

もし、少し気になるという程度なら、大事になるのを避けるため、身近な先生に伝えるのでも構いません。その場合、子どもが「○○先生はよく話し掛けてくれる」と言っていたら、相談相手を選ぶヒントになります。以前の担任の先生も考えられます。「子どもが○○先生のことをとても信頼しているようなので、ご相談させてください」と伝えれば、きっと解決方法を探ってくれるはずです。また、スクール・カウンセラーに相談すると、専門家として学校に改善を求めてくれることもあります。

なお、相談するタイミングが学年末であれば、次の学年の担任の先生を決める際に考慮してもらえることもあります。

〇〇先生 お久しぶりです!
昨年度はお世話になりました!
実は… 子どもが
〇〇先生を信頼しているので、
少しご相談させてください…
お久しぶりです!
…そうですか
事情は分かりました
まずは私からそれとなく
伝えておきますね

悩み 3

先生の言葉づかいがきつくて怖い

Q

担任の先生の言葉づかいがきつくて怖いようです。例えば、話を聞いていない子に「耳ついてるの？」と注意することもあるそうです。本人は直接言われていなくても、嫌がっています。どうするべきでしょうか。

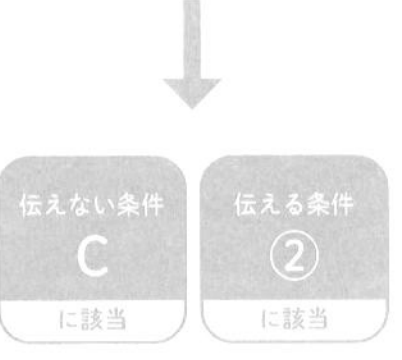

子どもの希望を聞いて対応

怒鳴る先生でなくても、先生の言葉づかいが乱暴だと、HSCは恐怖で萎縮してしまいます。学校生活を安心して過ごせるよう、まずはどうしてほしいのかを子どもに聞きましょう。**親として、「あなたが望むなら行動を起こせる」という姿勢を見せると、子どもも安心して話せる**でしょう。答えがYESであれば、アクションを起こします。

ただし、その際に注意してほしいのが**「子どもを矢面に立たせない」**ことです。本人は穏やかに学校生活を送りたいと思っています。親が先生に「うちの子が怖がっているのでやめてください」とストレートに伝えて波風を立てるのは、本人の本意ではありません。子どもに余計な負担をかけ

子どもの希望に沿ったアクションを！

ないよう、慎重に動きましょう。

選択肢は複数ある

行動に移す場合、まず、学校内で自浄作用が期待できないか見極めます。本来であれば、校長先生や教頭先生などから指摘され、改善されるべきことだからです。例えば、前年度の担任の先生や兄妹の担任の先生など、どのようなルートでもいいので、第三者の先生の耳に入れておき、様子を見るのもおすすめです。

それでも状況が変わらないようであれば、「学校評価」の仕組みを利用するのも手です。「学校評価」とは、学校教育法第42条で規定されているもので、教育活動の改善を図るために学校に実施が義務付けられています。学校評価では、その一環として保護者に対する「学校アンケート」なども実施されることがあるので、ここで指導の改善を求めるのも有効です。

ただし、教師の乱暴な言葉づかいが、子ども全体ではなく特定の個人に向けられている場合、それは不適切指導にあたります。悠長なことは言ってられませんので、すぐに校長先生や教頭先生に報告しましょう。

別件がありまして…
先生には直接は関係がないのですが
この子の弟の担任の先生の言葉づかいが
かなりきついと兄弟で話していまして…
ちょっと気になって
いるので お耳に
入れておきますね…

悩み

4

先生が子どものできないことや失敗を責める

Q

「大縄跳びのとぶタイミングがずれている」「合唱で声が出ていない」など、担任の先生が、失敗やできないことを厳しく指摘することがあるようです。うちの子は、家で練習に励んで臨んでいるのに、その努力が認められず悔しいです。親にできることはありますか。

↓

HSCが頑張ることに疲れる前に、先生に直接伝える

何度も続くようなら、努力する子どもの気持ちが折れて、長期間立ち直れなくなってしまう可能性もあります。先生と直接話すことをおすすめします。

ＨＳＣは、先生の言葉に反発するのではなく、「自分の頑張りが足りなかったのだ」と素直に受け止め努力しようとします。これが繰り返されると、**努力することにも、失敗する自分にも疲れてしまいます**。

先生には、まず「子どもは努力している」ことを分かってもらいましょう。伝え方としては、「家でも練習に付き合うなどフォローしていますので、ほかにできることがあれば教えてください」など

と話すとよいでしょう。先生任せではなく、家庭も協力しているという姿勢を示すと、先生も嫌な気持ちにはならず、真摯に受け止めてくれるはずです。

不用意に謝るのは避ける

このケースで先生と話す際に、避けるべきことが一つあります。それは「ご迷惑をおかけして申し訳ありません」などと「何でも謝ること」です。子どもが悪いことをしていないのに、謝って済ませようとするのは間違いです。子どもが悪いわけではないときに親が謝るという行為は、子どもの味方をしていないことになり、子どもにとっては存在を否定されたような気持ちになります。

悩み
5

「悪い例」をみんなの前で公表する先生

Q

国語の宿題をしているときに、線がゆがまないように定規で文字を書きはじめました。驚いて話を聞くと、直しが必要な文字を「悪い例」としてみんなの前に張り出すことがあるらしく、それが嫌で定規を使っているとのこと。子どもがとても怖がっているので、やめてほしいと思っていますが、先生に言うべきか悩んでいます。

定規を使って文字を書くということは、正常ではありません。子どもが安心して過ごせるように、先生が想像する以上にプレッシャーになっていることを伝えるべきでしょう。

ＨＳＣは、想像力が豊かで、さらに周りの人の気持ちや言動にとても敏感です。だから、「悪い例」とされたときにどれだけショックを受けるかを分かっています。また、そのときに周囲からどう思われるのかなど、いろいろなことを考えてしまいます。「ああならないようにしよう」「あの子は字を書くのが苦手なんだ」などなど、クラスメイトが思いつきそうなことが次々と浮かんできて疲弊し、自信を失っていきます。

さらに、クラスメイトが「悪い例」とされるのも、ＨＳＣにとってはつらいことです。ＨＳＣはとても共感性が高く、悪い例として挙げられた人の気持ちに寄り添おうとするからです。**ＨＳＣのよさであるそのやさしさが、マイナスに働くような状況は、改善されるべき**でしょう。

想像力豊かなHSCにとって「悪い例」になるのはものすごい恐怖
先日の観察日記で
こんなよくない例が
ありました
僕の観察日記
だったら
どうしよう
ドキッ…
具体的に書くことを
心がけましょう
ね！
○○ちゃん
○○ちゃんだった…
イヤだろうな…
はい…

要望ではなく、子どもの様子を伝える

とはいえ、先生も悪気があるのではなく、よい例と悪い例を比べることの教育効果を経験則として知っているからこそ、こうした授業をしているのかもしれません。また、親としても、先生の授業のやり方について「これをやめてください」とはっきり伝えるのは気が引けるでしょう。相手がベテランの先生ならなおさらです。

ですので、先生には「要望」としてではなく、「悪い例として出されるのを怖がっているようなのです」と、子どもの様子を伝えるようにするのがおすすめです。こうした伝え方なら、先生との人間関係がギクシャクすることもなく、配慮を得られるはずです。

悩み

6

作業を急かされると上手くできなくなる

Q

「みんな待ってるから早くしないと」「(トイレなど)早くいってきなさい」など、子どもたちの作業を急かす先生がいます。HSCのうちの子は、その声掛けにとても焦ってしまい、あたふたして物を落としたり、こぼしたり、余計に時間がかかってしまいます。しかし、先生に相談するのも大げさな気がします。

ＨＳＣは焦らせてはダメ

このような場面では、ＨＳＣには「慌てないでいいよ」という言葉をかけたいものです。ＨＳＣは強い緊張感を与えられる状況がとても苦手です。普段から周りに気づかって行動しているため、追いうちをかけるような言葉をかけられると慌ててしまい、かえって進まなくなってしまうのです。

非ＨＳＣであれば、「あと何秒」と言うことで張り合いが出たり、頑張れたりする子もいます。しかし、ＨＳＣへの声掛けとしてはＮＧなので、家での会話でも気をつけてほしいと思います。

家での様子を先生に伝える

しかし、今回のケースでは先生に責められたり、本人が学校を嫌がったりなどはしていないようです。ですので、先生には面談などの際に軽く伝える程度でいいでしょう。「家では『焦らないでいいよ』と言うとうまくいくんです」などと、家庭での様子を織り交ぜて伝えるのがおすすめです。こうした言い方であれば角も立ちませんし、自然に先生に気づいてもらうことができます。

悩み
7

給食が食べられるか心配

Q

味や食感、においに敏感で、保育園では食べ物を残しても無理に食べさせないようにお願いしていました。小学校に上がるので、今度は給食がとても心配です。入学前に先生に相談してよいものか悩んでいます。

食とトイレは大事

食とトイレに関する不安は、すぐに伝えるべきです。日常生活を生きる上で必要な、避けて通れない大切なことだからです。このケースも、ぜひ事前に相談すべきでしょう。

先生方は、食育の観点から、子どもたちにできるだけ食べ残さないように指導することが求められています。しかし、入学前に伝えておけば、給食を残すことをさほど問題視しない先生のクラスにしてもらえることもあります。

「一口食べてみよう」もつらい

食べ物について、ＨＳＣの「苦手」と非ＨＳＣ

食とトイレに関することは積極的に相談を！

の「苦手」の感覚はその度合いが違います。少なくなってはいるものの、いまだに給食を全部食べ終わるまで次のことをさせないという先生も中にはいます。そこまででなくても「一口だけ食べてみよう」という先生は多くいます。

しかし、味やにおいなどに人一倍敏感なＨＳＣにとっては、その一口でさえつらく、とても大きなストレスがかかります。例えニンジンが苦手だとしても、食べなくても立派に育ちます。年齢が上がれば自然に食べられるようになることはよくありますが、嫌な経験をすると、その妨げになります。ＨＳＣが穏やかな学校生活を送るために、**言えば改善が期待できることはぜひ相談**してみてください。

悩み

8

手を挙げられないから評価されない

Q

学校では、よく挙手をして発表する子が評価されます。しかし、HSCのわが子はじっくりと考えてから言葉を発するタイプなので、褒められる機会が少なく、自信をなくしているように見えます。頑張って手を挙げてもらいたいのですが、うまく子どもに説明できません。

伝える条件①に該当

手を挙げるのが偉いこと？

うまく説明できないのは、手を挙げることがなんでよいことなのか、きっと親もはっきり分からないからではないでしょうか。私は正直「手を挙げると偉い」とは思いません。

「世間的にそうだから」「手を挙げないと評価されないから」という理由で、多くの人が学校で挙手して発言するのは偉いことと思いがちです。もちろん、自分の意見を周りに伝えられるのは素晴らしいことです。しかし、みんながみんな自分の意見ばかり言っていたら、場がまとまらず困ることもあるでしょう。発言の回数は少なくても、じっくり周りを見てよく考え、必要な場面で必要なことを言ってくれる、そんな人も絶対に必要な一人です。

積極的に手を挙げる非HSCも そうでないHSCも どちらも役割を果たしている！
ハイ！僕は
〇〇だと思う！
今出ている意見をまとめると
△△ということではないかと
思います
うん
うん
どちらの役割も
大事だな

親がまず理解を示す

繰り返しますが、HSCは挙手の回数が少ないとしても、むしろ周りの子どもよりもじっくり深く思考していることが多いものです。親はこの点を長所と捉え、**HSCの自己肯定感を高めるために「大丈夫」「分かっているよ」と理解を示すことが大事**です。

また、現在は「GIGAスクール構想」により、学校にタブレットなどのICTの導入が進み、授業でも少しずつ使われるようになってきています。これにより、タブレットに回答を入力することで、クラス全員の意見が共有されるといった授業もできるようになりつつあります。意見も表明する手段は手を挙げるだけではなくなってきているという現状もあります。

悩み

9

先生の「もっと頑張ろう」という言葉にまいっている

Q

先生がクラスに向けて言う「しっかりやろう」「もっと頑張ろう」という言葉にとても敏感で、いつも頑張りすぎてしまうようです。家に帰って来るとぐったりしていて、疲れてしまっています。もともと何でも真面目に取り組む子なので、さらに無理をしているのだと思います。先生に相談すべきでしょうか。

もう十分頑張っている

知り合いのとある先生がこう言っていました。「頑張っている子に『頑張って』と言ってはダメ」。まさに、その通りだと思います。

多くのＨＳＣは責任感が強く、何でも頑張って取り組みます。常に全力、手を抜くことは基本的にありません。それなのに「頑張って」と言われると、「この頑張りじゃ足りないんだ」と、自分のキャパシティを超えて無理に頑張ろうとしてしまいます。もう十分頑張っているのに、ぐったりと疲れるほど無理をさせるのはよくありません。

子どもに対しては、**まず親が「頑張っているのは分かっているよ」と言葉をかけて安心させ、家では十分休息をとれるようにしましょう。**

個別に声をかけてもらえるよう相談

ＨＳＣが、まっすぐで何事も一生懸命なことは、きっと先生にも分かってもらえるはずです。ただ、先生がクラス全体に向けて発した言葉を自分ごととして受け止めて無理をしてしまうのがＨＳＣです。ですので、家で子どもがぐったりしていることを伝えましょう。その上で、先生からも「頑張り屋だと知っている」と個別に声をかけてもらえないか、相談してみましょう。先生から「いつもみんなのためにありがとうね」と一言もらえるだけで、ＨＳＣは努力が認められていると感じ、いつも先生の言う「もっと頑張ろう」がプレッシャーになることは少なくなります。

悩み

10

「子どもらしくない」ことが先生に理解されない

Q

HSCのわが子は、自分で何かをするより、見ているることが楽しいタイプ。お昼休みは教室の窓から遊んでいる子どもたちを見たり、好きな本を読んでリフレッシュしたりしたいようです。ところがある日、先生から「みんなと外で遊ばないの？　友達と嫌なことあった？大丈夫？」と心配され、自分はいけないことをしているのではないかと不安になっているようです。どうしたらよいでしょうか。

伝えない条件
A
に該当

伝える条件
③
に該当

「見て楽しむ」も素敵な個性

子どもはみんな外で元気に遊ぶのが好きというのは、大人の思い込みです。子どもには、「人それぞれ楽しいことは違う」ということを伝えて、自己肯定感を伸ばすようにしましょう。先生に対しては、特段トラブルもないようなので何かを相談する必要性は感じませんが、もし機会があれば「よく見ていてくださってありがとうございます。でも……」と伝えればよいでしょう。

ＨＳＣの中には、みんなが楽しんでいる状況が大好きで、それを見てとても幸せな気持ちになる、心のやさしい子が多く見られます。みんなが遊んでいる輪に入れないのではなく、心から、純粋に見て楽しんでいます。もちろん、外遊びが好きなＨＳＣもいます。いずれにしても、**子どもの気持ちを尊重するのが大事**です。

その子らしさを認めることが自己肯定感につながる

学者の子ども時代を想像してみる

HSCの心情を理解するためには、人学で長年研究を続けているような学者の子ども時代を想像すると分かりやすいかと思います。きっと、外でみんなとサッカーをしている姿よりも、図書館で本を読んでいる姿を思い浮かべる人が多いでしょう。HSCには、動植物の観察や読書、お絵かきが好きな子どもが多くいます。いわゆる「元気いっぱいの子どもらしい子ども」ではないので、変わり者になるのではないかと心配する大人もいますが、問題ありません。休み時間にみんなの楽しそうな姿を見て喜ぶ心や観察力で、自らの生きる道を切り拓いていけるはずです。

いつも夢中で読んでるな
この子の将来は科学者かな?
図書室
科学図鑑

悩み

11

先生と価値観・判断基準が合わない

Q

授業後に率先して黒板消しをしていたら、クラスメイトに「いい子ぶってる」と言われたそうです。何度か続いたので、先生に電話で相談したところ、「そのくらいよくあることですよ」と軽くあしらわれてしまいました。でも、傷つけられた子どもがふびんです。先生にもっと真剣に対応してほしいと話しにいくか悩んでいます。

「価値観」の合わない先生はどうしてもいる

先生には、子どもの気持ちに寄り添って一つひとつ丁寧に対応してほしいものです。しかし、どうしても価値観や判断基準が異なる場合は出てきます。

このケースでも、先生は悪気があるのではなく、今までたくさんの子どもたちを見てきた経験や、自分の経験から「よくあること」と判断したのでしょう。いじめなどの深刻なトラブルが続いているのでなければ、これ以上突っ込んで話をすると、先生と親、先生と子どもの関係性が悪化し、ＨＳＣにとってさらにつらい状況になる可能性があります。親に負担をかけたり、自分のせいで親がつらい思いをしていること自体がＨＳＣにとっては悲劇です。

親子でできることを一緒に考える

親として悔しさもあると思いますが、ここでの「最上位目標」は、**子どもが穏やかに学校生活を送れるようにすること**です。「価値観が違う先生もいる」と割り切って、親と子どもでできることを探すのが得策でしょう。

まずは、子どもに「お母さん・お父さんは気持ち分かるよ」と伝えることです。先生は分からなくても、親はちゃんと理解していることを示しましょう。一人でも味方がいるという事実が、HSCの心を癒します。

こうした心のケアをする一方で、今後は自分一人でなく、友達を誘って黒板消しをするなど、具体的な再発防止策を一緒に考えるとよいでしょう。

悩み

12

先生がいつも忙しそうで、子どもが声をかけられない

Q

宿題のプリントが足りなかったことがあり、後から先生に声をかけたら「今忙しいから後で」と言われたそうです。このことがあってから、何か困ったことがあっても、いつも忙しそうで声がかけられないと言います。先生に困っていることを伝えてもよいでしょうか。

伝える条件
②
に該当

先生のことをよく見て、察するHSC

私も学校に出入りしているのでよく分かりますが、教師という仕事は、想像以上に多忙です。トイレすら行けないという先生もいます。「忙しい」と言った先生も、忙しかったのは恐らく事実でしょう。

その上HSCは、他人の機嫌を敏感に感じ取ることができ、空気を読むことが上手です。先生に少しでもピリッとした空気があると、それに気づき、「今はやめておこう」と判断します。さらに、今回のように一度「忙しい」と言われたことはずっと覚えており、行動を起こすことが難しくなってしまうのです。

ストレートに先生に聞く

しかし学校は、**子どもたちが安心して過ごせる環境であるべき**です。先生に困りごとすら相談できないのは、よくないことです。

このケースでは、先生から嫌がられる質問でもないので、「子どもが先生に声をかけたいけどタイミングが分からないようで……」と様子を伝えながら、「いつ声をかけたらいいですか？」とストレートに聞いてしまってよいと思います。「授業後すぐ」など具体的な答えをもらえると、子どもは声をかけやすくなります。遠慮せずに聞いてみましょう。

悩み

13

理解あるよい先生に出会えない

Q

ＨＳＣの気質で困ったら、いつも担任の先生に相談してきましたが、真剣に取り合ってもらえたことがありません。「わがまま」や「神経質」で片づけられてしまい、親も子どもも、学校に何かを期待することに疲れてしまいました。ＨＳＣと学校生活は決定的に相性が悪い気がしているのですが、ほかのＨＳＣや保護者の方はどうしているのでしょうか。

ＨＳＣの特性を理解してくれる先生もいる

運悪く、敏感さへの理解がない先生ばかりに出会われてきたのでしょう。しかし、**HSCの特性を理解して、寄り添ってくれる先生は確実にいます。そして、理解ある環境で、のびのび成長しているHSCもたくさん存在します。**

ただ、やはり価値観の違う先生はどうしてもいます。前年度まではまったく問題なく学校に通っていたのに、進級して担任の先生が変わったら、突然学校に行けなくなってしまったというケースもあります。子どもの困りごとを分かってもらえない担任の先生に当たった場合は、「線引き」をして先生に多くを求めるのではなく、保護者として子どもにできることを考えていった方が、結果的に解決につながります。

担任以外の先生が助けになることも

具体的には、担任の先生と価値観が合わないと思ったら、ぜひほかの先生に目を向けてみてください。子どもが学校で関わるのは、担任の先生だけではありません。校長先生や教頭先生、前年度の担任の先生、同じ学年の先生、保健室の先生、委員会活動の先生など……。子どもに、ほかにどんな先生なら話せるのか聞いてみてもよいと思います。一人でも、自分のことを理解してくれると感じられる先生がいれば、それを心のよりどころにして、安心して登校できるようになるＨＳＣもいます。

親にもできることはあります。参観日などに、いろいろな先生とぜひ交流を図ってみてください。突然悩みを相談するのではなく、子どもの普段の様子を話すなど、なにげない会話から始めてみましょう。子どもと合いそうな先生がいたら、子どもに伝えて先生とつなげてあげてください。

先生の中にも必ずＨＳＰが存在する

ＳＴＥＰ１の24ページで見た通り、ＨＳＰは５人に１人の割合で存在します。これは、先生にも当てはまります。私は学校や教育委員会の研修で講演した際に、アンケートをとるのですが、その結果を見ると、やはり５人に１人くらいの先生はＨＳＰの傾向があります。

ですから、**学校には必ずＨＳＣの気持ちに寄り添える先生がいます。希望をもち、ＨＳＣが心地よく過ごせる場所を探してみてください。**

先生の中にも
約5人に1人の割合で
HSPが存在する
9月度 学年会議

おわりに──HSCを育てるすべての方に最後に伝えたいこと

「自他を理解すること」が幸せの第一歩です

最後までお読みいただきありがとうございます。HSCは5人に1人の割合で存在し、病気や障害ではなく、思慮深く、刺激を敏感に察知し人の気持ちがよく分かる気質をもつ子どもたちだということがよくお分かりいただけたかと思います。私が、アーロン博士の研究を知ってほしいと願う理由は、「もっと我が子（または自分を含む大切な人たち）を理解したい、力を発揮するサポートをしたい」と切望する人の救いになると考えているからです。

私たちは、**自分や他者への理解を深めることで、日常でちょっとした工夫をしたり、より**

よい分担をしたりして、「QOL（人生の質、幸福度）」を上げることができます。

例えば、私のもとを訪れた相談者の一人は、自身がHSPだと知り「身近な人たちに対し、何でこんなことに気付けないのかと、内心イライラしたりがっかりしたりすることが多く疲れていたけど、気が楽になった」と吐露しました。身内にHSPがいると分かった人は「同じものを見ているのにキャッチする情報量が全然違うのはこういうことだったんだ。自分が鈍感なわけではなかった」と、ほっとした表情を浮かべました。このように、HSP（C）について知ることで、お互いをより尊重し、幸せになる第一歩を踏み出すことができるようになるのです。

共感できなくとも、寄り添おうとするだけ十分です

一方で、理解の欠如からHSCには合わない真逆の言葉をかけ続けていたということも珍しくありません。ときには、親子の信頼関係が失われかけ、疲れ切って相談にやってくるケースもあります。それでも多くの場合、親がわが子の感じていることや気持ちを理解し、寄り添おうとすると、親子ともに気持ちが満たされはじめ、嘘のように事態が好転してい

きます。

クラスの雰囲気が何となく悪く、学校生活がつらくなってしまった中学生の男の子がいました。当時、母親は子どものつらさを理解できず、「大したことない」「気にしなくていい」と励ましていたのですが、体調を崩すなどの深刻な状況に陥り、相談にやってきました。

その男の子は、頑張る子の足を引っ張る、決まり事を守らないなど、クラスで起きている理不尽な出来事に心を痛め、自分なりに努力はしたものの改善に至らず、自分が無力であることに絶望していました。家族に話してもささいな問題と判断され、分かってもらえず、孤独と無力感に襲われていました。

相談をきっかけに、母親は子どものつらさを少しずつ理解していきました。なだめすかして無理に学校へ送り出していたことが、子どもをより一層追い込んでいたことに気づき、わが子の味方に徹すると腹をくくりました。

母親が自分に寄り添おうと努力していることが子どもに伝わると、状況はよい方向に向かいはじめました。一進一退を繰り返しながらではありましたが、男の子は少しずつ本来のよさを取り戻して高校に進学し、毎日通学できるようになりました。現在は、大学進学に向けて勉学に励んでいます。将来は社会問題を解決する仕事をしたいと語る彼は、苦しんでいた当時とは見違えるように生き生きとした青年に成長しています。

仮に、親が子どもの気持ちに「共感」はできないとしても、気持ちに寄り添い、理解できる誰かにつなぐことも大切な親の役割で、愛情の注ぎ方であると言えます。子どもは直接親の共感を得られなくても、自分を思う気持ちを感じることで親を信頼します。

HSCにとって、深く分かり合える人は、そんなにたくさんいなくてもよいのです。**たった一人でも理解し合える人がいれば人生が豊かになり、そして、その喜びや幸せを人一倍感じること**ができます。

「自分さえ我慢すればいい」はやめましょう

実は私自身も大人になってから「外向型」のHSPとわかった一人です。幼い頃はまだHSCという言葉はありませんでしたが、母の影に隠れているような物静かな子でした。多くの子のように無邪気に喜怒哀楽を表現しない自分自身を気難しいと感じていました。幸いなことに、周囲にそれを責める大人は一人もおらず、洞察力があるとよく褒めてくれました。

学校生活は「理不尽な出来事」よりも「温かい雰囲気」の方が勝り、ＨＳＣらしい気苦労は多かったものの成功体験を重ねながら成長することができたように思います。そのおかげで、ここぞという場面では勇気を出し、信念をもって突き進むところがありました。

そうして社会人になり、精神科医療に携わった後、３人の育児に専念した時期を経て、育児に悩む親のカウンセリングや不登校の子どもの支援活動を行うようになりました。そんな中でアーロン博士の研究に出会い、それまでの疑問が腑に落ちるとともに、喜びを感じました。生まれもった敏感さや他者との違いにははっきりとした科学的根拠があったのだと。そして、私をよく理解し信じて育ててくれた両親や先生、友人たちにあらためて深い感謝の気持ちが湧いたのです。

しかし、私はたまたまよい環境に巡り合わせたに過ぎません。偶然の環境に左右されるのではなく、すべてのＨＳＣが自分のよさを知って活躍し、一生幸せに過ごせる環境を実現したい。こう考え、私はＨＳＣへのカウンセリング、保護者や学校の先生への啓蒙活動に取り組むようになりました。

私自身のことはさておき、特に子育て中のＨＳＰの方からお話を伺うと、子どもが生まれる前は人に迷惑をかけないように自分が我慢すればよいと考えて困難や人間関係の対立などを何とかやり過ごしてきたものの、子育てではそれだけでは解決できないことが多いことに気づいたとおっしゃる方が珍しくありません。また、周囲を気づかうあまり、わが子の味方になりきれていない自分を責め、涙を流す方もいらっしゃいます。

これまでは、無意識に多くのことに気をつかい、色々な場面でクッションの役割を果たされてこられたことと思います。でもこれからは、自分一人でどうにかしようとするのではなく誰かに頼ったり、時には理不尽なことに対して声を上げたりして、自分自身の安心や心地よさを大事にすることも忘れないでください。このことが結果的にみんなの幸せにつながることを本当はすでにお気づきのことと思いますし、ＨＳＣの手本にもなるはずです。

HSCは「精神的報酬」を重視する存在です

HSCは、目先の物質的な報酬ではなく、精神的報酬を重視する傾向があると言われています。自分が大切と感じることには努力を惜しまず、人の役に立ちたいという気持ちを強くもっています。一方で、小さな理不尽にも真正面から向き合って疲弊するため、一見すると「弱く」見えます。けれどもこれは、おかしなことから目を背けず、自分の頭で考えることができるからこそ感じるつらさであり、決して「弱い」わけではありません。裏を返せば、社会的な正義を追求し、実現したい願う「強さ」とも言えるものです。

さらに、HSCが自分のよさを理解できるようになると、苦しい状況に直面しても「自分なら何とかできるはずだし、何とかしたい」と、強靭な意志を発揮できるようになります。**物事を粘り強く次々と成し遂げ、社会を動かすこと**さえあります。私は、HSCの将来とHSCがいる社会はきっと明るくなると断言できます。

HSCは、とびきり美しい翼をもっていることをどうか忘れないでください。その翼を大きく広げて羽ばたけるようサポートしてください。

もし今はHSCの気質が、「消極的」など、マイナスに作用しているように見えたとしても、HSCの思慮深さや正義感、やさしさを理解し、本来の力を発揮できるようにサポートすればその気質はたちまちプラスに作用することは間違いありません。

今回、本書を完成させるにあたっては、イラストレーターのはしもとあやさんや、時事通信出版局の編集者・大久保昌彦さんと佐藤真紀さん、そのほか多数の関係者の皆さんによる温かく誠実なチームのご協力を得ました。これまで関わってきたＨＳＣや保護者の皆様の想いや願いを少しでも形にできたことを大変うれしく思います。

最後にあらためてＨＳＣを愛情深く育んでいる皆さんに尊敬と感謝の念を表します。そして、本書で繰り返し述べてきた通り、刺激に敏感であることは、決して困ることばかりではないことを忘れないでいただきたいと思います。信頼できる家族、誠実な友人、尊敬できる先生、心満たされる本、美しい音楽、安らげる香り……このような刺激の中に身をおくことができたＨＳＣは、どれほどの喜びを感じ、のびのびと成長していけることか、想像しただけで幸せな気持ちになります。

どうかＨＳＣが明日を楽しみに安心して眠りにつき、思いやりにあふれた環境で幸せを感じながら進んでいけますように。本書が皆さんと子どもたちのこれからの素晴らしい未来につながる一助になれば幸いです。

２０２１年8月　杉本景子

杉本景子（公認心理師）

1978年生まれ。公認心理師・看護師・保護司。NPO法人千葉こども家庭支援センター理事長。千葉市スクールメディカルサポート・コーディネーター。元厚生労働技官（国立病院機構下総精神医療センター閉鎖病棟配属）。杉本景子公認心理師事務所主宰。精神医療センター時代に重度精神疾患患者の閉鎖病棟や隔離室における治療の看護を通じ、QOL（特に人生における幸福感）について考えるようになる。医療センター退職後、3人の子育てをしつつカウンセラーとして活動。育児書通りではうまくいかない子育てに大きな不安や肩身の狭い思いを感じている親が多数いることを実感する。相談の多くは学校生活に関することであり子どもたちが安心して力を発揮できる環境づくりが必要だと痛感し、家庭と学校の架け橋となるべくNPO法人を立ち上げ、不登校児童生徒をサポートするフリースクール「ペガサス」を千葉市に開設。そんな中、アーロン博士の研究に出会い、HSCとその保護者へのカウンセリングや教育委員会・学校現場にHSCを広めるための啓発活動などを行うようになる。自然体でのカウンセリングは安心感を覚えるとクライエントから定評があり、リピート率は90％を超える。

「気が付き過ぎる」子どもの日常・
学校生活の「悩み」と「伸ばし方」を理解する
一生幸せなHSCの育て方

2021年9月16日　初版発行
2023年8月26日　4刷発行

著者　杉本景子
発行者　花野井 道郎
発行所　株式会社時事通信出版局
発売　株式会社時事通信社
〒104-8178東京都中央区銀座5-15-8
電話03（5565）2155 http://book.jiji.com

装丁　大﨑奏矢
イラスト　はしもとあや
印刷・製本　中央精版印刷株式会社
編集担当　大久保昌彦　佐藤真紀

落丁・乱丁はお取り替えいたします。定価はカバーに表示してあります。
※本書のご感想をお寄せください。宛先はmbook@book.jiji.com

©2021 SUGIMOTO, Keiko

ISBN978-4-7887-1757-2 Printed in Japan